AF325720

INAZO NITOBÉ

PROFESSEUR A L'UNIVERSITÉ IMPÉRIALE DE TOKIO
MEMBRE DE L'ACADÉMIE IMPÉRIALE DU JAPON

LE BUSHIDO

L'AME DU JAPON

TRADUCTION FRANÇAISE DE M. CHARLES JACOB
LAURÉAT DE L'INSTITUT
PRÉFACE DE M. ANDRÉ BELLESSORT

PAYOT, PARIS

LE BUSHIDO

L'AME DU JAPON

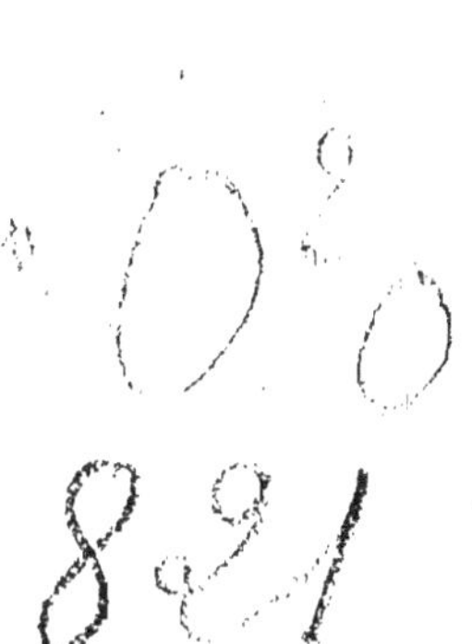

INAZO NITOBÉ

PROFESSEUR A L'UNIVERSITÉ IMPÉRIALE DE TOKIO
MEMBRE DE L'ACADÉMIE IMPÉRIALE DU JAPON

LE BUSHIDO

L'AME DU JAPON

TRADUCTION FRANÇAISE DE CHARLES JACOB
LAURÉAT DE L'INSTITUT

PRÉFACE DE M. ANDRÉ BELLESSORT

PAYOT, PARIS
106, BOULEVARD St-GERMAIN

1927

Tous droits réservés.

A mon Oncle Bien-Aimé

Tokitoshi Ota

Qui m'enseigna à révérer le passé

et

à admirer les actions des SAMOURAI

je dédie

ce petit livre

PRÉFACE

Le livre de M. Inazo Nitobé, qui avait été traduit dans presque toutes les langues, ne l'avait pas encore été dans la nôtre. Grâce à M. Charles Jacob ce retard a été réparé, et aussi élégamment que possible. Le public français pourra lire une étude sur la chevalerie japonaise dont la grande originalité est d'avoir été écrite par un Japonais qui non seulement a reçu une très forte culture européenne, mais encore qui s'est fait chrétien. Sa culture européenne lui a permis de l'écrire pour les Européens et de la leur rendre plus sensible en la rapprochant de la nôtre et en invoquant le témoignage de nos philosophes. Son christianisme très sincère donne un démenti à ceux de ses compatriotes qui considèrent que la religion chrétienne est l'ennemie des traditions japonaises et que ses convertis deviennent de mauvais nationalistes.

LE BUSHIDO

Il est difficile, en effet, de présenter le passé du Japon sous un plus beau jour et d'en parler avec une plus tendre piété que M. Nitobé. Il semble même qu'il en ait effleuré l'authentique beauté morale d'un rayon plus intime et plus doux dérobé à l'Evangile.

Dans mon second voyage au Japon, en cette sinistre année 1914, — j'ai déjà eu l'occasion de le dire, — un de mes étonnements fut d'entendre parler autour de moi du Bushido. Ce mot, qui signifie Voie du Guerrier, *n'était point employé avant 1900, et, si j'ai bonne mémoire, il ne se rencontrait alors dans aucun dictionnaire japonais. Un Anglais, ancien professeur de philologie à l'Université Impériale de Tokio, à qui nous devons des ouvrages excellents sur le Japon moderne, M. Basil Chamberlain, avait même publié à ce sujet, en 1912, une brochure assez mordante. Il avait eu, je crois, à se plaindre des Japonais, jugeait leur nationalisme menaçant et les accusait d'avoir, sous ce terme de* Bushido, *inventé, manufacturé une nouvelle religion. A vrai dire, le* Bushido *n'était pas une religion nouvelle. Mais le Japon, à la fois très particulier et très assimilateur, obéit à un rythme constant. Il se jette sur les nouveautés, s'y attache comme à son salut ; puis il s'en détache, travaille à en éliminer tout ce qui ne s'accorde pas à son génie et transforme le reste. C'est ce qu'il a fait jadis avec la civilisation coréenne et chinoise. Après un engouement excessif et dangereux pour les idées et les* conceptions européennes, il s'était repris ; et le Bushido n'était qu'une des formes morales de cette reprise.

Il s'agissait d'empêcher que le peuple japonais pût oublier le code d'honneur non écrit, mais gravé dans le cœur de ses ancêtres, et de lui rappeler que ce n'étaient point les importations d'Europe qui avaient triomphé sur les champs de bataille de Mandchourie, mais bien le vieil héroïsme que la caste militaire lui avait transmis. C'était à ses antiques générations de samuraïs, dont l'esprit s'était communiqué à toute la nation, que le Japon devait d'avoir vaincu. Ce code consistait, comme le dit très bien M. Nitobé, en maximes orales ou recueillies par les moralistes, les poètes, les dramaturges. Il ressortait de la religion primitive du Shintoïsme qui divinisait les Empereurs, qui commandait la piété filiale, mais où la morale confucéenne s'était introduite et un peu de la résignation du Bouddhisme. Il se dégageait surtout des beaux exemples dont l'histoire japonaise fourmille.

Ce qu'il y a de certain, c'est que, dans cet archipel de l'Extrême Orient, une conception chevaleresque s'est formée dont nous ne trouvons la pareille ni en Chine, ni en Malaisie, ni dans l'Inde. Les premiers Européens qui y abordèrent en furent étonnés et émerveillés. Saint François Xavier, qui avait du sang de hidalgo dans les veines et qui, sous son humilité et son dévouement d'apôtre, gardait toujours le sentiment de son origine et de ses traditions, ne nous a pas caché sa surprise en découvrant chez ces païens des vertus qui allaient s'effaçant en Europe et, par dessus toutes, le mépris de l'argent et la noblesse pauvre aussi honorée que la noblesse riche. L'idéal de politesse du chevalier japonais, du samuraï, n'était pas seulement, selon l'expression de M. Nitobé, un continuel effort vers la beauté, une grâce obtenue par la plus grande économie de mouvement ; c'était la mise en pratique des principes moraux les plus nécessaires. Il exigeait de l'homme un contrôle incessant de soi-même. Le souci minutieux des détails auquel il l'astreignait, la rareté et la lenteur mesurée des gestes qu'il lui imposait, bridaient ses impatiences toujours si dangereuses dans un pays où le sabre jaillissait facilement du fourreau. Cette politesse jetait sur le guerrier un réseau de mailles fines, légères, mais serrées, qui réprimaient ses brusqueries et ses impulsions passionnées. Elle l'obligeait du moins à prendre le temps de la réflexion. Et comme si elle n'eût pas encore été assez sûre d'elle-même, elle cherchait un auxiliaire jusque dans les costumes d'apparat. Elle emprisonnait l'homme dans des vêtements où son corps était comme perdu. Les manches tombantes paralysaient la violence du premier mouvement ; les pantalons si larges, et d'une telle longueur que celui qui marchait dedans semblait se traîner à genoux, ne permettaient plus ni l'assaut ni la fuite. L'ampleur de ces voiles désarmait les individus, élevait entre eux des barrières infranchissables de soie bruissante.

Le chevalier japonais n'apprenait pas uniquement à se posséder ; il n'oubliait jamais les devoirs de la courtoisie qui nous commandent de penser aux autres avant de penser à nous-mêmes et de ne point les assombrir du spectacle de nos chagrins ou de nos maux. Il savait taire ses souffrances, donner à ses plus grands deuils un visage souriant, accepter les pires coups du sort avec une résignation si calme qu'il semblait ne pas en avoir été touché. Je ne crois pas qu'en aucun pays, à aucune époque de l'histoire, le stoïcisme ait été plus loin. Et surtout en face de la mort. La mort n'était point aux yeux des samuraïs une libératrice. L'idée qu'elle leur assurât une vie heureuse en échange de leur dernier soupir leur eût répugné à l'égal d'un marchandage. Trop fiers pour interroger qui se tait, considérant comme une inconvenance de scruter ses ténèbres, ils ne lui demandaient qu'une attestation d'honneur satisfait et de devoir accompli. Elle dépouilla pour eux son appareil de douleur et d'anxiété. Ils la vidèrent de toute idée troublante. Ils en firent une habitude, une institution, le dénouement normal des difficultés de la vie. Un samuraï avait-il égaré le dépôt de son maître ? Il se tuait. Le maître l'avait-il offensé d'une parole ou d'un geste ? Il se tuait. On mourait pour protester contre une consigne ; on mourait pour n'avoir pu venger une injure. Se tuer paraissait la suprême élégance de la civilisation. Dans la cérémonie de l'ouverture du ventre, au moment où le samuraï agenouillé se frappait, son ami le plus cher, debout à ses côtés, lui tranchait la tête. Les sabres japonais opéraient avec une rapidité d'éclair. On ne les voyait, dit-on, que se relever.

M. Nitobé a cité la fameuse description du hara kiri *faite par l'Anglais Mitford dans ses* Contes de l'Ancien Japon — *un livre que je voudrais voir traduit, celui de tous les livres européens qui nous rend le mieux l'état du Japon féodal au temps où les étrangers y pénétrèrent. Il n'avait pas changé depuis des centaines d'années. Cette description d'un témoin oculaire est extraordinaire et pathétique. J'ai entendu de la bouche d'un de nos plus vieux résidents, à la fin du siècle dernier, un récit pareil et encore plus étonnant. Ce vieil homme en avait gardé un souvenir qui le poursuivait comme un cauchemar. L'homme qui s'était tué devant Mitford avait été condamné pour avoir tiré sur les Européens : son exécution était politique. Mais le drame auquel avait assisté notre compatriote s'était passé dans une école. Le fils d'un samuraï, un jeune homme de dix-huit ou vingt ans, avait volé la montre d'un de ses camarades. On le soupçonnait et on la découvrit, pendant son sommeil, dans ses vêtements. On l'éveilla ; il avoua ; et il comprit qu'il devait mourir. Séance tenante, en présence du directeur, des maîtres et de ses camarades, l'horrible cérémonie s'accomplit. Les*

PRÉFACE

parents, prévenus dès le matin, remercièrent le directeur d'avoir ainsi sauvegardé leur honneur.

Jamais la vie n'eut moins de prix que chez ce peuple qui pourtant en goûtait les fines douceurs. Fils et filles de samuraï étaient élevés à la dure, les uns maniant le sabre, les autres la lance. Dans le programme de leur éducation, la pensée de la mort jouait un tel rôle qu'on leur enseignait le cérémonial du suicide. A l'âge où les séductions de la vie sollicitent le cœur et les sens, les jeunes gens apprenaient dans quelle attitude et suivant quels rites une personne bien née devait s'ouvrir le ventre. D'aucuns même y témoignèrent d'une épouvantable précocité. Je ne crois pas qu'il eut plus de sept ans, ce petit Japonais dont on raconte l'histoire suivante. Des meurtriers dépêchés contre son père et abusés par une ressemblance rapportèrent à leur maître une tête dont personne ne pouvait dire si elle était celle du coupable. Le seigneur envoya chercher l'enfant et la lui découvrit. Celui-ci, comprenant l'erreur et la nécessité d'y fortifier les assassins, dégaina le poignard que, dès leur jeune âge, portaient les fils de samuraï, et, pour donner à son silencieux mensonge l'autorité du désespoir, tomba, les entrailles coupées, devant la face sanglante. Jamais l'idée de la gloire, — car elle est au fond de tous ces suicides, — n'a pareillement soutenu l'homme et n'a également violenté et maîtrisé les plus irréductibles instincts de la nature. Et c'est par là, je l'avoue, que les âmes japonaises nous restent le plus mystérieuses.

M. Nitobé nous en a exposé toutes les vertus ; et tout est vrai dans son livre ; mais, — ce n'est pas un reproche que je lui adresse, — il a laissé de côté la rudesse souvent inhumaine dont elles étaient la rançon. Un des exemples les plus curieux de la courtoisie japonaise, je l'ai trouvé dans un roman populaire, le Casque parfumé, qui eut un très grand succès après la guerre russe. Un célèbre guerrier du XVIIe siècle, Kimura, dit adieu à sa jeune femme Shirotai. Elle ne se fait aucune illusion ; elle sait qu'il ne reviendra pas du combat, car il lui a recommandé de parfumer son casque. Quand un bon samuraï était décidé à mourir sur le champ de bataille, il voulait que son casque embaumât le musc, afin qu'on reconnût sa noblesse et que le parfum rendît moins âcre au vainqueur l'odeur de la tête coupée. Quelle attention posthume ! Quelle politesse ! Et quel orgueil aussi !

Le Bushido, privilège d'une caste, subsiste-t-il encore ? Son influence a été considérable. Les classes inférieures reçoivent toujours leur direction morale de celle qui les dirige. Les histoires, les romans, les drames japonais sont pleins de marchands et de rustres qui savent mourir comme des samuraïs. On ne dira jamais assez tout ce qu'on peut obtenir de l'homme quand on fait appel à son amour-propre et quand on lui offre l'occasion de se distinguer. Mais il faut toujours que la leçon vienne d'en haut, que le branle soit donné par une aristocratie. C'est dans le roman russe que l'aristocrate demande au moujik des règles de conduite et le mot de sa destinée. S'il le fait, soyez sûr qu'il est dégénéré, sur le point d'abdiquer, n'ayant plus de boussole et ses étoiles étant éteintes. Le Bushido a déposé dans l'âme populaire japonaise des principes de grandeur, la conception d'un idéal qui n'est pas mort. Et cependant, vers la fin de son livre, M. Nitobé laisse percer quelque inquiétude. Il ne se dissimule pas que l'utilitarisme de la société moderne attaque et mine ce vieux code d'honneur écrit dans les consciences. Il a beaucoup voyagé ; il connaît l'Amérique, l'Angleterre, la France, l'Allemagne ; il a essayé toute sa vie de concilier l'esprit international avec son ardent patriotisme et son culte passionné des traditions nationales. On dit qu'il a rendu d'éminents services à la Société des Nations. Pour lui, le Christianisme et le matérialisme sont destinés à se partager le monde. Et il se demande de quel côté s'enrôlera le Bushido. Il souhaiterait de tout son cœur que la religion chrétienne recueillît ce qui reste de ce noble héritage et le conservât en lui donnant de nouvelles forces. Il rêverait d'un stoïcisme chrétien. C'est un beau rêve. Mais il a parfaitement raison quand il dit que, si le Bushido, en tant que code indépendant de morale, peut dispa-

LE BUSHIDO

raître, il ne mourra pas plus que n'est mort l'antique stoïcisme. Et son livre s'achève en un acte de foi dans les destinées de son peuple auquel nous souscrivons bien volontiers.

ANDRÉ BELLESSORT.

AVANT-PROPOS

Il y a environ dix ans, alors que je passais quelques jours sous le toit hospitalier du distingué juriste belge, le regretté M. de Laveleye, notre conversation, au cours d'une de nos promenades, tomba sur la religion. — « Voulez-vous dire, demanda le vénéré professeur, que vous n'avez aucun enseignement religieux dans vos écoles ? » — Sur ma réponse négative, il s'arrêta soudain fort surpris, et, d'une voix que je n'oublierai de longtemps, il répéta : « Pas de religion ! Comment alors arrivez-vous à donner une éducation morale ? » — La question me laissa tout d'abord désemparé. Je fus incapable d'y répondre, car ce n'est pas à l'école que m'avaient été donnés les préceptes moraux qu'on m'avait inculqués dans mon enfance ; et ce n'est que lorsque j'eus commencé à analyser les divers éléments dont se composaient mes notions du bien et du mal que je m'aperçus qu'elles m'avaient été suggérées et comme soufflées par Bushido.

Ce qui a été la raison déterminante de ce petit livre, ce sont les questions fréquentes que me posait sans cesse ma femme sur les motifs qui avaient fait prévaloir au Japon telles coutumes et telles idées.

En essayant de répondre d'une manière satisfaisante à M. de Laveleye et à ma femme, je m'aperçus que, — à moins d'avoir compris l'époque féodale et le Bushido, — les idées morales du Japon actuel resteraient lettre close.

Profitant d'un repos forcé consécutif à une longue maladie, je transcrivis, dans l'ordre même présenté aujourd'hui au public, quelques-unes des réponses données par moi au cours de nos causeries familières. Ce que ces réponses contiennent en substance, c'est principalement ce qui m'avait été enseigné et dit dans ma jeunesse, alors que la féodalité brillait encore de tout son éclat.

Entre Lafcadio Hearn et Mrs. Hugh Fraser, d'une part ; et, de l'autre, Sir Ernest Satow et le Professeur Chamberlain, on se sent vraiment un peu découragé quand on ose écrire, en anglais, quoi que ce soit sur le Japon. Le seul avantage que j'aie sur eux est que je puis m'arroger le privilège d'être le propre défenseur de ma cause, au lieu que ces distingués écrivains ne sont tout au plus que des avocats ou des procureurs. J'ai pensé bien souvent : « Ah ! s'il m'était donné de m'exprimer comme eux, comme en termes plus éloquents je présenterais la cause du Japon ! » Mais celui qui s'exprime dans une langue qui n'est pas la sienne doit s'estimer heureux s'il arrive seulement à se faire comprendre.

Dans cet essai, j'ai essayé d'illustrer, à la lumière d'exemples parallèles empruntés à l'histoire et à la littérature européenne, beaucoup des points que j'ai traités : en procédant ainsi, j'estimai que j'aiderais le lecteur étranger à bien comprendre.

AVANT-PROPOS

Si quelqu'une de mes allusions : soit à des sujets religieux, soit à des membres du clergé, pouvait alarmer certaines susceptibilités, j'espère en tout cas que mon attitude envers le Christianisme ne sera jamais mise en doute. C'est pour les méthodes et les formes ecclésiastiques qui faussent les enseignements du Christ que j'ai peu de sympathie, non pour ces enseignements mêmes. Je crois en la religion qu'Il a enseignée et qui nous a été transmise par le nouveau Testament, et je crois pareillement à la loi qui est inscrite dans le cœur. Je crois aussi que Dieu a fait un Testament qui peut être appelé « Ancien » par chaque individu et par chaque Nation : — Gentils ou Juifs, Chrétiens ou Païens. Quaut au reste de ma théologie, j'en épargnerai l'exposé à la patience du public.

En terminant cette préface, je désire exprimer mes remerciements à mon amie Anna C. Hartsborne, pour beaucoup de précieuses suggestions.

I. N.

— 21 —

AVANT-PROPOS
DE L'ÉDITION FRANÇAISE

Depuis son apparition, ce petit livre a eu une histoire assez inattendue et plus riche en résultats qu'on n'eût pu le prévoir.

Au Japon, il a jusqu'à ce jour été réimprimé 30 fois ; en langue anglaise il a atteint la douzième édition, et il a été également traduit en allemand, en polonais, en tchèque, en norvégien, en mahratti, en suédois, en italien, en espagnol et en japonais ; une traduction chinoise est projetée. Certains chapitres du Bushido ont été offerts aux lecteurs russes et hongrois dans leurs langues respectives.

Voici enfin, due à Madame Schroeder et à M. Charles Jacob, lauréat de l'Institut, la version française que le public lettré attendait.

J'ai été plus que récompensé en m'apercevant que mon petit ouvrage avait rencontré des lecteurs sympathiques dans des milieux très divers, prouvant ainsi que le sujet éveillait un intérêt universel, et je veux espérer que les lecteurs français lui réserveront à leur tour un bon accueil.

En revoyant la présente édition, j'ai ajouté un

certain nombre d'exemples concrets. Je regrette de n'avoir pu écrire un chapitre sur la « Piété Filiale » : elle est considérée chez nous, avec le loyalisme, comme les deux roues du char qui porte la morale japonaise. La difficulté que j'éprouve à écrire un tel chapitre vient bien plutôt de mon ignorance des sentiments de l'Occident à l'égard de cette vertu particulière, que de l'ignorance de notre propre attitude vis-à-vis de ladite vertu : ce qui me manque, ce sont des termes de comparaison qui satisferaient mon esprit. J'espère bien revenir quelque jour sur cette question et sur d'autres non moins essentielles. Tous les sujets abordés dans ces pages pourraient, naturellement, être susceptibles de développements plus amples ; mais je ne vois pas très bien comment je pourrais faire ce volume plus gros qu'il n'est.

Cette préface serait incomplète et manquerait d'équité si j'omettais de dire tout ce que je dois à ma femme pour la diligence consciencieuse qu'elle a apportée à revoir le manuscrit, pour ses précieuses suggestions et, par dessus tout, pour l'encouragement constant qu'elle m'a donné.

I. N.

Koishikawa, Tokio.

« Ce sentier
Sur la montagne, celui qui se tient dessus
Est enclin à douter si vraiment c'est un chemin ;
Tandis que, s'il l'aperçoit dans l'éloignement de la pers-
[pective,
La piste dès lors monte droit, nette de la base au sommet,
Et l'œil la suit aisément sans se tromper. Qu'importe une
[ou deux solutions de continuité
Qui s'effacent sur les flancs de la montagne quand on
[regarde sa masse ?
Et ainsi (quand on pénètre dans une philosophie nou-
[velle),
Qu'importe si les lacunes elles-mêmes doivent finalement
[servir à éprouver
Les moyens les plus parfaits
De former l'œil de l'homme, de lui enseigner ce qu'est
[la foi ? »

Robert BROWNING,
Apologie de l'Evêque Blougram.

« Il y a, si je puis ainsi dire, trois puissants esprits qui, de
temps en temps, se sont avancés sur la surface des mers, et on
donné une impulsion prédominante aux sentiments moraux et aux
énergies de l'Humanité. Ce sont les esprits de liberté, de religion
et d'honneur. »

HALLAM,
L'Europe au Moyen Age.

« La Chevalerie est en elle-même la poésie de la vie. »

SCHLEGEL,
Philosophie de l'Histoire.

LE SAMOURAÏ

C'était un homme à deux sabres.

D'un doigt distrait frôlant la sonore biva,
A travers les bambous tressés en fine latte,
Elle a vu, par la plage éblouissante et plate,
S'avancer le vainqueur que son amour rêva.
C'est lui. Sabres au flanc, l'éventail haut, il va.
La cordelière rouge et le gland écarlate
Coupent l'armure sombre, et, sur l'épaule, éclate
Le blason de Hizen ou de Tokungawa.
Ce beau guerrier vêtu de lames et de plaques,
Sous le bronze, la soie et les brillantes laques,
Semble un crustacé noir, gigantesque et vermeil.
Il l'a vue. Il sourit dans la barbe du masque,
Et son pas plus hâtif fait reluire au soleil
Les deux antennes d'or qui tremblent à son casque.

José-Maria de Herédia

CHAPITRE PREMIER

LE BUSHIDO, EN TANT QU'ÉTHIQUE

La chevalerie est une fleur aussi particulière au terroir japonais que le cerisier, emblème de notre pays. Et qu'on ne s'imagine pas que ce soit devenu aujourd'hui quelque échantillon desséché d'une vertu antique conservée dans l'herbier de notre histoire. Non. C'est, pleine de force et de beauté, une chose restée vivante parmi nous. Et si la chevalerie ne revêt plus actuellement un visage et une forme tangibles, elle n'a pas cessé, en tout cas, d'embaumer notre atmosphère morale et

N. B. — Pour éviter des façons d'orthographier plus ou moins arbitraires, on a conservé ici aux noms et aux termes japonais l'orthographe qu'emploient ordinairement les écrivains japonais quand (soit d'après la méthode Hepburn, soit d'après la méthode Rôma-ji) ils tâchent de noter, à l'aide de caractères européens, les sons si musicaux de leur langue. *Bushido* doit donc se prononcer *Boushidô*. Le *g* a le son dur : *giri, gishi* se prononcent *guiri, guishi*. Dans certains noms comme *Iyéyasu,* l'*u* final a le son bref.

d'exercer sur nous son charme puissant. Évidemment, les conditions sociales qui avaient enfanté et allaité la chevalerie ont disparu depuis longtemps ; mais, de même que de lointaines étoiles, jadis vivantes et aujourd'hui éteintes, continuent à nous envoyer leurs rayons, de même, la chevalerie, fille de la féodalité, éclaire encore les routes de notre morale, ayant survécu aux institutions qui lui avaient servi de mère. C'est un plaisir pour moi de méditer sur ce sujet en y adaptant les paroles dont s'est servi Burke, dans ce fameux et émouvant panégyrique qu'il prononça jadis sur la tombe désertée de la chevalerie européenne.

Qu'un savant aussi érudit que le Dr George Miller n'ait pas hésité à nier que la chevalerie, — non plus qu'aucune autre institution similaire, — eussent jamais existé, soit parmi les nations de l'antiquité, soit parmi les peuples orientaux modernes, cela prouve une insuffisance de documentation bien attristante touchant les choses de l'Extrême-Orient [1]. Une telle ignorance, toutefois, mérite beaucoup d'indulgence, si l'on prend garde que la troisième édition de l'ouvrage de cet excellent Docteur parut l'année même où le Commodore Perry était envoyé par le gouvernement des Etats-Unis pour heurter aux portes de notre exclusivisme [2]. Plus de dix ans après, alors que notre féodalité en était à son dernier soupir, Karl Marx, dans son livre *le Capital*, attirait l'attention de ses lecteurs sur l'avantage tout particulier qu'ils retireraient d'une étude des institutions sociales et politiques de la féodalité, — régime qui, au Japon seulement, pouvait alors être étudié dans sa forme vivante. Je voudrais également aiguiller ceux des Occidentaux qui se livrent à l'étude de l'Histoire et de la Morale vers l'étude de la chevalerie dans le Japon actuel.

Une dissertation historique, portant

1. *History Philosophically Illustrated* (3e éd., 1853), vol. II, pag. 2.

2. Allusion aux événements de 1853-54, à la suite desquels le Japon consentit à ouvrir ses portes au commerce américain. (Note du Trad.)

expressément sur les féodalités et les cheva-
leries européennes et japonaises comparées,
serait certes une entreprise séduisante ;
mais le but de ce livre n'est pas de donner à
un tel exposé toute l'ampleur qu'il pourrait
comporter. Mon but est surtout de faire
voir : 1° les origines et les sources de notre
chevalerie ; 2° son caractère et sa vertu
éducative ; 3° son influence sur les masses ;
4° la continuité et la permanence de cette
influence. De ces différents points, le
premier ne sera traité que d'une façon rapide
et sommaire ; autrement, je me verrais
obligé de faire passer mes lecteurs par les
sentiers les plus écartés de notre histoire
nationale. Je m'arrêterai plus longuement
sur le second point, qui, de beaucoup, me
semble être le plus capable d'intéresser ceux
qui, adonnés aux Sciences Morales Inter-
nationales et à l'Éthologie Comparée, sont
curieux de notre façon de penser et d'agir.
Le reste sera traité comme corollaires.

L'expression japonaise que, tant bien que
mal, j'ai rendue par le mot Chevalerie, est,

dans l'idiome original, plus expressive que le mot « Horsemanship » (maniement du cheval). *Bu-shi-do* signifie littéralement : Guerrier-Seigneur-Routes (ou Pratiques), c'est-à-dire les pratiques que doivent observer les combattants nobles tant dans leur vie journalière que dans l'exercice même de leur profession. En un mot, il s'agit là des préceptes de la Fleur de la Chevalerie, du *Noblesse oblige* de la classe guerrière. Maintenant que j'ai donné la signification littérale du mot, il me sera permis désormais d'employer ce mot tel quel et dans sa forme originale. L'emploi du mot original se justifie aussi par la raison qu'un enseignement aussi défini et aussi typique, un enseignement qui a engendré une tournure d'esprit et de caractère aussi particulière, aussi locale, doit porter sur son visage le signe de sa singularité. Et puis, certains mots ont un timbre national qui rend si bien les caractéristiques de la race, que les meilleurs des traducteurs ne parviennent à leur faire que bien chichement leur droit, — je n'irai pas jusqu'à dire qu'ils leur infligent positivement une injure ou un mauvais traitement. Qui pourra rendre exactement par la traduction ce que l'Allemand exprime par « Gemüth » ; ou qui ne sent la différence qui existe entre ces deux mots, pourtant si étroitement apparentés : *Gentleman* et *Gentilhomme*, l'un anglais, l'autre français ?

Le Bushido est donc le code des principes moraux enseignés aux chevaliers et qu'ils étaient tenus d'observer. Ce n'est pas un code écrit ; il consiste surtout en certaines maximes — ou transmises oralement ou transcrites par la plume — formulées par quelque guerrier fameux ou par quelque savant célèbre. Le plus souvent, c'est un code qui, n'étant ni énoncé ni écrit, bénéficie d'autant plus de cette consécration puissante que confèrent à la fois le fait réel et la loi gravée dans les fibres mêmes du cœur. Ce code n'a pas été fondé sur une création issue d'un cerveau, si capable fût-il, ou sur la vie d'un seul personnage, quelque renommée qu'il ait eue. Ce fut le développement organique, pendant des décades et des siècles, de carrières militaires. Peut-être occupe-t-il dans l'histoire de l'Éthique la même position que la constitution anglaise dans l'histoire politique ; cependant il n'a rien de com parable avec la *Magna Charta*, ou l'*Habeas corpus act*. Des statuts militaires (*Buké Hatto*) furent bien promulgués au début du dix-septième siècle ; mais leurs treize articles très brefs concernaient plutôt les mariages, les châteaux, les ligues, etc. ; et il y était fort peu question des règlements proprement didactiques. Impossible, par suite, de préciser un lieu et une époque définis et de dire : « Ici se trouve la source ». C'est seulement au moment où cet esprit est, pendant l'âge féodal, arrivé à la pleine conscience de lui-même, que son origine peut, chronologiquement, être identifiée avec la féodalité. Mais la féodalité elle-même est tissée de fils bien nombreux, et Bushido participe de sa nature complexe. De même qu'en Angleterre les institutions politiques de la féodalité peuvent être considérées comme datant de

la conquête normande, de même, nous pouvons dire que l'instauration de la féodalité au Japon eut lieu simultanément avec l'avènement de Yoritomo à la fin du douzième siècle. Cependant, de même que, en Angleterre, nous découvrons les éléments sociaux de la féodalité fort au-delà de la période qui précéda Guillaume le Conquérant, de même, au Japon, les germes de la féodalité existaient longtemps avant la période que j'ai signalée.

Pour continuer le parallèle, lorsque, au Japon comme en Europe, la féodalité fut formellement inaugurée, la classe des guerriers de profession fut naturellement portée au premier plan. On les appela « samourai », ce qui veut dire littéralement, — comme le vieux mot anglais *cniht* (knecht, knight, chevalier), — gardes ou suivants ; ils avaient une certaine analogie avec les *soldurii* (dont César mentionne l'existence en Aquitaine), ou avec les *comitati* (qui, d'après Tacite, suivaient, de son temps, les chefs germains) ; on peut

encore, pour prendre un point de comparaison plus proche, les assimiler aux *milites
medii* (dont on parle dans l'histoire de
l'Europe du Moyen-Age). Un terme sino-
japonais : *Bu-ké* ou *Bu-shi* (Chevaliers
Combattants), fut aussi adopté pour l'usage
courant. C'était une classe privilégiée, et
ils durent être à l'origine une engeance
rude, qui faisait métier de se battre. Au
cours d'une longue période de guerres sans
fin, il était naturel que cette classe se
recrutât parmi les plus mâles et les plus
aventureux. Pendant la suite des âges, cette
méthode de sélection continua à être
pratiquée : les faibles et les timides furent
éliminés ; et c'est ainsi que survécut seulement — pour former les familles et les
lignées de samouraï — « une race rude et
toute virile, douée de force brutale », pour
emprunter la phrase d'Emerson. Comme ils
en arrivaient à prétendre à de grands
honneurs et à de grands privilèges, et qu'ils
devaient, corrélativement, assumer de
grandes responsabilités, ils sentirent le

besoin d'une règle commune de conduite, d'autant plus nécessaire qu'ils étaient constamment sur le pied de guerre et qu'ils appartenaient à des clans différents. De même que, par courtoisie professionnelle, les médecins imposent des limites à la concurrence qu'ils se font ; de même que les hommes de loi s'en remettent à un tribunal d'honneur en cas de violation d'étiquette : de même les guerriers doivent avoir le moyen de recourir à un jugement suprême contre leurs infractions.

Le « fair play » au combat ! — Que de germes de moralité féconds se trouvent dans cet instinct primitif de la barbarie et de l'enfance ! N'est-ce pas là la racine de toutes les vertus civiques et militaires ? Nous sourions (comme si nous la trouvions trop puérile pour nous !) de l'aspiration enfantine du petit Anglais Tom Brown : « Laisser derrière lui le nom d'un compagnon n'ayant jamais bousculé un bambin, non plus que tourné le dos à un grand gaillard ». Eh ! bien, qui ne sent qu'un tel vœu est la pierre angulaire sur laquelle des constructions morales, de dimensions imposantes, peuvent être édifiées ? Allant plus loin encore, ne pourrais-je pas ajouter que la plus noble des religions, celle qui aime le plus la paix, fait sienne cette aspiration. Le vœu du petit Tom est la base sur laquelle repose en grande partie la grandeur de l'Angleterre ; et nous ne serons pas longs à découvrir que le Bushido ne se dresse pas sur un moindre piédestal. Si la guerre en elle-même, qu'elle soit offensive ou défensive, est, comme l'attestent avec raison les Quakers, une chose brutale et condamnable, nous pouvons malgré tout dire avec Lessing: « Nous savons de quels défauts naissent nos vertus [1] ». « Mouchards » et « lâches » sont, pour les

---

1. Ruskin est un des hommes les plus tendres et les plus pacifiques qu'il y ait eu. Pourtant, il croyait en la guerre avec toute la ferveur d'un adorateur de la vie énergique. « Quand je vous dis, écrit-il dans la *Couronne de l'Olivier Sauvage*, que la guerre est la source de tous les arts, j'entends dire aussi qu'elle est la source de toutes les grandes vertus et facultés des hommes. Il me semble vraiment extraordinaire à moi de découvrir cela, et vraiment terrible ; mais j'ai dû reconnaître que c'était un fait absolument indéniable... Bref, je trouve que toutes les grandes nations

natures saines et simples, les épithètes les plus flétrissantes. C'est avec ces notions-là que l'enfance commence à vivre ; il en a été de même de la chevalerie ; mais, à mesure que la vie s'accroît et qu'elle étend son rayon d'action, la foi primitive cherche la sanction d'une autorité plus haute, et des sources plus rationnelles qui la justifient, la satisfassent et la développent. Si le système militaire avait été seul à opérer, sans support moral supérieur, comme l'idéal du guerrier féodal eût été inférieur à l'esprit de la chevalerie ! En Europe, le christianisme, tout en se pliant aux idées de la chevalerie, la pénétra de données spirituelles. « La religion, la guerre et la gloire étaient les trois âmes du parfait chevalier chrétien », dit Lamartine. Au Japon, le Bushido eut plusieurs sources.

ont appris dans la guerre l'exactitude des termes de la pensée ; qu'elles ont « profité » pendant la guerre et dépéri pendant la paix ; qu'elles ont été instruites par la guerre et trompées par la paix ; dressées par la guerre et trahies par la paix ; en un mot, qu'elles sont nées dans et par la guerre et mortes dans et par la paix. »

CHAPITRE II

LES SOURCES DU BUSHIDO

Je commencerai par le Bouddhisme. Il procura un sentiment de confiance calme dans le destin, la soumission tranquille à l'inévitable, le sang-froid stoïque en face du danger ou du malheur, ce dédain de la vie et cet accueil amical de la mort. Un des maîtres d'escrime les plus renommés, quand il vit son élève arrivé à la maîtrise suprême de son art, lui dit : « Maintenant, mon enseignement doit céder le pas à celui de Zen ». « Zen » est l'équivalent japonais du « Dhyâna », qui « représente l'effort humain pour atteindre, par la méditation, les sphères de la pensée par delà la portée de l'expression verbale [1] ». Sa méthode est la contemplation, et son objet, autant que je le puisse comprendre, est d'être convaincu qu'un principe régit tous les phénomènes, et, si possible, de croire à l'absolu lui-même, et, par suite, de se mettre soi-même en harmonie avec cet absolu. Ainsi défini, cet enseignement était plus que le dogme d'une secte, car quiconque atteint à la perception de l'absolu, s'élève au-dessus des choses de ce monde et ouvre des yeux « à un Ciel nouveau et à une Terre nouvelle. »

Ce que le Bouddhisme ne sut pas donner, le Shintoïsme l'offrit en abondance. Le loyalisme envers le souverain, la vénération de la mémoire des ancêtres et la piété filiale : les doctrines de Shinto inculquaient tout cela plus rigoureusement que ne l'enseignait aucune autre croyance, communiquant d'ailleurs au caractère du samourai une certaine passivité, et tempérant ainsi son

1. Lafcadio Hearn, *Exotiques et Rétrospectifs,* p. 84.

arrogance. Le dogme du « péché originel » est absent de la théologie shintoïste. Au contraire, celle-ci croit à la bonté et à la pureté d'essence divine de l'âme humaine, et elle adore cette âme, comme le Saint des Saints d'où sort la voix des oracles divins. Tout le monde a remarqué que les temples du Shinto sont intentionnellement dépourvus d'objets et d'instruments de culte, et qu'un miroir uni, suspendu dans le sanctuaire, constitue la partie essentielle de son ameublement. La présence de cet objet s'explique aisément : il symbolise le cœur humain qui, lorsqu'il est parfaitement calme et pur, reflète l'image vraie de la Divinité. Lorsque, donc, vous vous tenez face au sanctuaire pour adorer, vous voyez votre propre image réfléchie par la surface brillante ; et cet acte d'adoration équivaut à l'antique injonction delphique : « Connais-toi toi-même ». Mais la connaissance de soi-même n'impliquait pas, dans l'enseignement, — soit grec soit japonais, — la connaissance de la partie physique de l'homme :

ni celle de son anatomie, ni celle de son appareil psycho-physique. La connaissance devait être d'ordre moral ; il s'agissait de l'introspection de notre nature morale. Mommsen, comparant le Grec et le Romain, dit que le premier levait les yeux au ciel quand il adorait, parce que sa prière était une contemplation, tandis que le second se voilait la tête, parce que sa prière était une réflexion. Essentiellement semblable à la conception romaine de la religion, ce que notre réflexion met au premier plan, ce n'est pas tant la conscience morale que la conscience nationale de l'individu. Cette adoration de la nature a enfoncé au plus profond de nos âmes l'amour du pays natal, cependant que l'adoration des ancêtres, perpétuée de génération en génération, a fait de la famille Impériale la souche commune de la Nation tout entière. Pour nous, la Patrie est quelque chose de plus que la terre, de plus qu'un sol dont on extrait de l'or et où l'on récolte du grain : c'est le séjour sacré des dieux, des esprits de nos aïeux ; pour nous, l'Empereur est plus que l'Archi-Connétable d'un *Rechtsstaat*, ou encore que le Maître d'un *Culturstaat* : il est le représentant humain du Ciel sur la terre, réunissant en sa personne la puissance et la clémence célestes. Si ce que M. Boutmy [1] dit de la royauté anglaise est vrai : « qu'elle n'est pas seulement l'image de l'autorité, mais l'ouvrière et le symbole de l'unité nationale » (et je crois que c'est vrai), cela peut être doublement et triplement affirmé de la royauté au Japon.

Les dogmes du Shintoïsme contiennent les deux traits principaux de la vie émotionnelle de notre race : Patriotisme et Loyalisme. Arthur May Knapp dit très justement : « Dans la littérature hébraïque, il est souvent difficile de dire si l'auteur parle de Dieu ou de l'Etat, du Ciel ou de Jérusalem, du Messie ou de la Nation elle-même [2] ». Une confusion analogue peut être constatée dans l'énumération des choses ayant trait à

1. *Le peuple anglais*, p. 188.
2. *Le Japon féodal et moderne*, vol. I, g. 183.

notre foi nationale. Je dis confusion, parce qu'il pourra arriver qu'un logicien fasse au Shintoïsme quelque grief d'être confus, en raison de son ambiguïté verbale ; aussi bien, s'il constitue la charpente de notre instinct national et des sentiments de notre race, il n'a, par contre, jamais prétendu à être un système philosophique ou une théologie rationnelle. Cette religion (et ne serait-il pas plus exact de dire : les émotions de la race qu'exprime cette religion ?) a profondément pénétré le Bushido de loyalisme envers le souverain, et d'amour pour la Patrie. Tout cela opère plutôt comme impulsion active que comme corps de doctrine, car le Shintoïsme, — au contraire de l'Église chrétienne médiévale, — s'il prescrit à peine à ses adeptes une croyance *(credenda)*, ne laisse pas de leur donner dans le même temps *(agenda)* un programme de vie de droiture et de simplicité.

En ce qui concerne les doctrines relevant expressément de l'éthique, les enseignements de Confucius furent la source la plus abondante du Bushido. Son énonciation des cinq sortes de relations morales entre le maître et le serviteur (le gouvernant et le gouverné), entre le père et le fils, le mari et la femme, le frère aîné et le frère cadet, et entre l'ami et l'ami, ne faisait que confirmer ce que l'instinct de la race avait discerné, avant que les écrits de Confucius eussent été introduits de Chine. Le caractère calme, affable et humainement sage de ses préceptes éthico-politiques était particulièrement bien adapté aux samourai, qui formaient la classe gouvernante. Ce qu'il y avait d'aristocratique et de conservateur dans le ton du Confucianisme, s'adaptait également bien à ce qui convenait à ces hommes d'État guerriers. Après Confucius, Mencius exerça une immense autorité sur le Bushido. Ses théories énergiques — et souvent tout à fait démocratiques, — avaient une très grande prise sur les natures douées d'une sensibilité vive ; et elles furent même tenues pour dangereuses et subversives pour l'ordre social existant, ce qui fit que ses œuvres furent longtemps censurées. Malgré tout, les enseignements de ce maître esprit trouvèrent un asile permanent dans le cœur du samouraï.

Les écrits de Confucius et de Mencius constituaient le guide principal de la jeunesse et c'était la plus haute autorité que les anciens invoquassent dans leurs discussions. Celui qui, néanmoins, n'eût possédé que la seule connaissance des œuvres classiques de ces deux sages, eût été tenu en médiocre estime. Un proverbe courant ridiculise ceux dont le savoir se borne à la connaissance intellectuelle du Confucianisme ; on les regarde comme des hommes adonnés à l'étude, mais ignorant les *Analectes*. Le samouraï typique appelle « sot sentant le bouquin » un savant farci de littérature. Un autre compare le simple érudit à un légume mal odorant ayant besoin d'être bouilli et rebouilli avant de pouvoir être consommé. Un homme qui n'a lu que trop peu sent un peu son pédant ; et un homme qui a trop lu le sent beaucoup : tous deux sont pareillement déplaisants. L'auteur voulait dire par là que la science ne devenait réellement la science que lorsque l'esprit l'avait assimilée et qu'elle se manifestait dans son caractère. Une personne spécialisée dans l'intellectualité pure était considérée comme une machine. L'intelligence elle-même était subordonnée à l'émotion morale. L'homme et l'univers étaient conçus comme contenant une égale proportion de spiritualité et de morale. Le Bushido ne pouvait accepter le jugement de Huxley : à savoir que le cours des phénomènes cosmiques est dépourvu de moralité.

Le Bushido faisait peu de cas du savoir en lui-même : il ne devait pas être recherché comme une fin en soi, mais comme un moyen d'atteindre à la sagesse. En conséquence, celui qui se bornait à cette fin était considéré comme une simple machine à fabriquer des poèmes et des maximes en veux-tu en voilà. Le savoir n'était ainsi considéré comme réel que s'il était mis en pratique dans la vie, et cette doctrine socratique trouva son plus grand propagateur dans la personne de Wan Yang Ming, philosophe chinois, qui ne se lassait jamais de répéter que « savoir et agir sont même chose ».

Puisque j'en suis sur ce sujet, je demande la permission de faire ici une courte digression ; aussi bien, quelques-uns des plus nobles types de *bushi* ont-ils été fortement influencés par l'enseignement de ce sage. Les lecteurs occidentaux reconnaîtront aisément dans ses écrits de nombreuses correspondances avec les enseignements du Nouveau Testament. Si l'on a égard aux termes particuliers à chacun de ces deux enseignements, ce passage : « Cherchez d'abord le royaume de Dieu et sa justice, et toutes ces choses vous seront données par surcroît », exprime une pensée que l'on peut trouver presque à chaque page de Wan Yang Ming. Un de ses disciples japonais [1] dit : « Le Maître du ciel et de la terre et de toutes les

1. Miwa Shissai.

créatures vivantes, habitant dans le cœur même de l'homme, devient son esprit *(Kokoro)* ; donc l'esprit est une chose vivante et il est toujours lumineux » ; et encore : « La lumière spirituelle de notre être essentiel est pure et elle n'est pas influencée par la volonté de l'homme. S'allumant spontanément dans notre esprit, elle nous fait voir ce qui est bien et ce qui est mal : elle est alors appelée conscience ; elle est la lumière même qui procède du dieu du ciel ». Comme ces mots rendent bien le même son que certains passages d'Isaac Pennington ou d'autres philosophes mystiques ! J'incline à penser que l'esprit japonais, — tel qu'il s'exprime dans les principes si simples de la religion Shinto, — était tout préparé à recevoir les préceptes de Yang Ming. Il poussait sa doctrine de l'infaillibilité de la conscience jusqu'au transcendantalisme suprême, attribuant à celle-ci la faculté de percevoir, non seulement la distinction entre le bien et le mal, mais aussi la nature des faits psychiques et

des phénomènes physiques. Il allait en idéa-
lisme aussi loin, sinon plus loin, que Ber-
keley et Fichte, niant l'existence des choses
en dehors de la connaissance humaine. Si
son système comporta toutes les erreurs de
logique découlant du Solipsisme, il eut aussi
toute l'efficacité dont bénéficient les con-
victions fortes ; et sa portée morale, dans le
développement de la personnalité du caractère et de l'égalité d'âme, ne saurait être
déniée.

On le voit, de quelques sources qu'il
s'agisse, les principes essentiels qu'y puisa
le Bushido, et qu'il s'assimila, furent peu
nombreux et simples. Malgré leur petit
nombre et leur simplicité, ils furent suffi-
sants pour nous doter d'une règle ferme de
vie, même aux jours les moins sûrs de la
période la plus instable de notre histoire
nationale. L'absolue simplicité de la nature
de nos ancêtres guerriers sut tirer une abondante nourriture spirituelle d'une gerbe de
simples lieux-communs et d'enseignements
épars, glanés, à ce qu'il semble, le long des

grandes routes et des chemins de traverse
de la pensée d'autrefois ; puis, sous l'aiguillon des nécessités du moment, ces âmes
simples composèrent, de ce qui avait été
ainsi glané, un type nouveau et unique de
virilité. Un savant français très avisé, M. de
la Mazelière, résume ainsi ses impressions
sur le seizième siècle : « Vers le milieu du
seizième siècle, tout est confusion au Japon,
dans le gouvernement, dans la société, dans
l'Église. Mais les guerres civiles, les mœurs
retournées à la barbarie, la nécessité pour
chacun de se faire justice soi-même : tout
cela forma des hommes comparables à ces
Italiens du seizième siècle, en qui Taine
loue « l'initiative énergique, l'habitude des
résolutions soudaines et des mesures déses-
pérées, la grande capacité d'agir et de souffrir. » Au Japon comme en Italie, « les rudes
manières du Moyen Age » firent de
l'homme un animal superbe « exclusivement combattant et résistant ». Et c'est
pourquoi c'est le seizième siècle qui met en
évidence au plus haut degré la qualité prin-

cipale de la race japonaise : cette extrême diversité que l'on trouve entre les *esprits*[1] aussi bien qu'entre les tempéraments. Tandis qu'aux Indes et même en Chine, les hommes semblent différer surtout par le degré de leur énergie et de leur intelligence, au Japon, ils diffèrent en outre par l'originalité de leurs caractères. Or, la forte individualité est la caractéristique des races supérieures et des civilisations déjà avancées. Pour employer une expression chère à Nietzsche, nous pourrions dire que, parler de l'humanité en Asie, c'est parler de ses plaines ; tandis qu'au Japon comme en Europe, on la représente principalement par ses montagnes.

M. de la Mazelière fait allusion à certaines caractéristiques particulièrement frappantes chez les Japonais : c'est de cela que je m'occuperai maintenant. Je commencerai par la Rectitude.

1. En français dans le texte (N. du T.).

CHAPITRE III

RECTITUDE OU JUSTICE

Nous sommes ici en face du plus puissant précepte du code du samourai. Rien ne lui répugne davantage que les procédés sournois et les entreprises tortueuses. La conception de la Rectitude peut être erronée; elle peut, par exemple, être étroite. Un Bushi célèbre la définit comme un pouvoir de se résoudre à quelque chose : « La Rectitude est le pouvoir de prendre, sans faiblir, une décision relativement à une certaine manière de se conduire qui se trouve conforme à la raison : de mourir quand il est bien de mourir, de frapper quand il est bien de frapper. » Un autre en parle dans les

termes suivants : « La rectitude est l'os qui donne la fermeté et qui vous tient droit. Comme, sans os, la tête ne peut rester au sommet de l'épine dorsale, ni les mains se mouvoir, ni les pieds porter le corps, ainsi, sans la rectitude, ni le talent, ni le savoir ne peuvent faire d'une carcasse humaine un samourai. Si l'on a la rectitude, les talents importent peu. » Mencius dit que la Bonté c'est l'âme de l'homme, et que la Rectitude ou la Droiture sont sa voie. « Qu'il est triste, s'écrie-t-il, de négliger cette voie et de ne pas la suivre, de perdre l'âme et de ne pas savoir la retrouver! Lorsque les hommes ont perdu leurs poulets ou leurs chiens, ils savent bien les aller rechercher ; mais ils perdent leur âme et ils ne savent point la retrouver. » N'entrevoyons-nous pas ici, « comme en un miroir imparfait », la parabole proposée 300 ans plus tard, sous un autre ciel, par un plus grand Maître, qui s'intitulait lui-même : la Voie de la justice, et par lequel l'égaré pouvait être retrouvé ? Mais je m'éloigne de mon but. La droiture,

RECTITUDE OU JUSTICE

selon Mincius, est un sentier droit et étroit que l'homme doit prendre pour regagner le paradis perdu.

Même aux derniers jours de la féodalité, alors qu'une ère prolongée de paix avait apporté à la classe guerrière une vie de désœuvrement et, avec elle, toutes sortes d'habitudes de dissipation et la pratique des arts d'agrément, l'épithète *Gishi* (homme de rectitude) était regardée comme supérieure à tout titre exprimant la maîtrise dans la Science ou les Arts. Les quarante-sept Fidèles, — qui tiennent une si grande place dans notre éducation populaire, — sont connus dans le langage courant sous le nom des quarante-sept *Gishi*.

A l'époque où l'artifice et l'astuce pouvaient passer pour une tactique militaire, et la fausseté fieffée pour *ruse de guerre*[1], cette mâle vertu, loyale et honnête, fut le joyau qui brilla du plus vif éclat et qui fut le plus hautement prisé. La Rectitude est la

1. En français dans le texte (N. d. T.).

sœur jumelle de la Valeur, autre vertu martiale. Mais, avant de continuer à parler de la Valeur, qu'on me permette de m'arrêter un moment sur ce que j'appellerai un dérivé de la Rectitude. Le terme qui exprime cette vertu, après avoir d'abord légèrement dévié de son sens originel, s'en éloigna ensuite de plus en plus, jusqu'à voir sa signification tout à fait dénaturée dans l'acception populaire. Je veux parler du *Gi-ri*, — littéralement Raison Droite, — terme qui en vint à la longue à n'exprimer que très vaguement l'idée d'une obligation que, dans l'opinion publique, le titulaire de cette vertu se devait de remplir. Dans son sens primitif et sans alliage, *Giri* voulait dire devoir, purement et simplement : c'est pour cette raison que nous parlons du *Giri* que nous devons à nos parents, à nos supérieurs, à nos inférieurs, à la société en général, etc. Dans ces cas-là *Giri* est synonyme de devoir, car qu'est-ce que le devoir, sinon ce que nous demande et nous commande de faire la Raison Droite ? La Raison Droite ne devrait-elle pas être notre impératif catégorique ?

Primitivement donc, *Giri* voulait dire seulement devoir, et l'on est en droit de penser que l'étymologie de ce mot découlait du fait que, dans notre conduite (par exemple, la conduite envers nos parents), bien que l'amour dût être ici, évidemment, le mobile unique, cependant si l'amour venait à faire défaut, il fallait bien recourir à quelque autre autorité pour renforcer la piété filiale : cette autorité, le *Giri* en donnait précisément la formule. On avait parfaitement raison de formuler ainsi cette autorité : le *Giri*, attendu que si ce n'est pas l'amour qui pousse aux actes de vertu, il faut bien avoir recours à l'intelligence de l'homme, et que sa raison soit prompte à le convaincre de la nécessité d'agir avec droiture. Cela est vrai de n'importe quelle autre obligation morale. A partir du moment où le devoir devient pénible, la Raison droite entre en jeu pour nous empêcher de nous y dérober. Ainsi entendu, le *Giri* est un maître sévère, verge en main, pour faire accomplir leur tâche aux pares-

seux. En éthique, c'est une puissance de second ordre ; en tant qu'animateur, il est infiniment inférieur à la doctrine chrétienne de l'amour qui devrait être la loi. Je le regarde comme un produit des conditions d'une société artificielle, — d'une société où c'était le hasard de la naissance et des faveurs non méritées qui créait les différences de classe ; où la famille était l'unité sociale ; où la supériorité de l'âge l'emportait sur la supériorité du talent ; où les affections naturelles devaient souvent s'effacer devant l'arbitraire de coutumes factices. C'est à cause de tout cet artificiel que le *Giri*, en dégénérant, finit par prendre un vague sens de convenances, — convenances auxquelles on recourait pour expliquer ceci ou sanctionner cela. Exemple : pourquoi fallait-il qu'une mère, le cas échéant, sacrifiât tous ses enfants pour sauver le premier-né ? Pourquoi une fille devait-elle vendre sa chasteté pour payer les dettes de son père ? et ainsi de suite ? Parti comme Raison Droite, le *Giri* s'est, à mon sens, souvent arrêté court dans la casuistique. Il a même dégénéré en une peur lâche du blâme. Je peux dire du *Giri* ce que Scott écrivait du patriotisme : que « comme il est le plus beau des sentiments, il est souvent aussi le masque le plus suspect d'autres sentiments ». Placé au delà ou au-dessus de la Raison Droite, le *Giri* devint une monstrueuse erreur. Il abritait sous ses ailes toutes sortes de sophismes, d'hypocrisies. Il serait aisément devenu un nid de lâchetés, si Bushido n'avait pas eu un sentiment si délicat et si correct du courage : l'esprit d'audace et d'endurance.

CHAPITRE IV

LE COURAGE, L'ESPRIT D'AUDACE ET D'ENDURANCE

Le courage était à peine regardé comme digne de figurer parmi les vertus, à moins qu'il ne fût mis au service de la justice. Dans ses *Analectes*, Confucius définit le courage en montrant, comme il le faisait souvent, ce qui résultait de son absence : « Sachant ce qui est juste, dit-il, et ne le faisant pas, démontre l'absence de courage ». Replaçons cette maxime dans son sens positif, et nous aurons : « Le courage est de faire ce qui est juste ». De courir toutes sortes d'aventures hasardeuses, de s'exposer, de se jeter dans les bras de la mort, ce sont souvent des actes que l'on confond avec la bravoure; et, dans la profession des armes, une conduite si irréfléchie (ce que Shakespeare appelle « la bravoure bâtarde ») est à tort applaudie; mais il n'en va pas ainsi dans les Préceptes de la Chevalerie. Mourir pour une cause qui n'était pas digne qu'on mourût, fut appelé « une mort de chien ». « Se précipiter au plus épais de la bataille et s'y faire tuer, dit un Prince de Mito, c'est assez facile, et c'est une tâche à la portée du plus simple des rustres; mais, continue-t-il, c'est le propre du vrai courage de vivre quand il faut vivre et de mourir seulement quand il faut mourir ». Et pourtant, ce prince ne connaissait même pas le nom de Platon, qui définit le courage « la connaissance des choses qu'un homme doit craindre, et de celles qu'il ne doit pas craindre ». La distinction qui est faite en Occident entre le courage physique et le courage moral est depuis longtemps connue chez nous. Quel est le jeune samourai qui n'ait pas entendu parler de la « Grande

Valeur » et de la « Valeur d'un Scélérat » ?

Valeur, Force d'âme, Bravoure, Intrépidité, Courage, étant les qualités de l'âme qui stimulent le plus les imaginations juvéniles, celles que l'entraînement et l'exemple pouvaient développer, furent à vrai dire les vertus les plus populaires, celles qui furent d'abord proposées à l'émulation de la prime jeunesse. Les récits d'exploits militaires furent racontés aux petits garçons presque sur les genoux de leurs mères. Un petit serin pleurait-il parce qu'il avait mal ? Voici comment elle le grondait : « Oh ! le poltron qui pleure pour un bobo ! Qu'est-ce que tu diras lorsque tu auras un bras emporté dans la bataille ? Qu'est-ce que tu diras si tu es jamais obligé de faire *hara-kiri* ? » Nous connaissons tous l'héroïsme pathétique du petit Prince de Sendai qui, mourant de faim, dit, dans la pièce, à son petit page les mots suivants : « Regarde ces petits moineaux dans leur nid ; tu vois comme ils ouvrent tout grands leurs becs jaunes ; et vois-tu maintenant leur mère qui leur apporte des vers à manger ? Avec quelle avidité et quel plaisir mangent les petits ! Mais un samourai, c'est un déshonneur pour lui que de faire attention à la faim quand son estomac est vide ». Les anecdotes sur la force d'âme et la bravoure abondent dans les contes de nourrices ; mais les histoires de ce genre ne sont d'ailleurs pas la seule méthode d'inculquer de bonne heure aux âmes l'audace et l'intrépidité. Il s'est trouvé des parents, d'une sévérité allant parfois jusqu'à la cruauté, pour imposer à leurs enfants des tâches les obligeant à faire appel à tout leur courage. « Les ours, disaient-ils, précipitent leurs oursons dans le ravin ». Les fils de samourai devaient traverser, privés de tout, de longues gorges escarpées et, de l'aiguillon, on les excitait à des besognes de Sisyphe. La privation de nourriture, l'exposition au froid étaient regardées comme des épreuves d'une grande efficacité pour les accoutumer à l'endurance. Des enfants de l'âge le plus tendre étaient envoyés, porteurs d'un message, loin, très loin chez des étrangers ; on les faisait lever avant l'aurore, lire leurs exercices avant d'avoir déjeuné, aller pieds nus chez leurs maîtres en plein hiver. Fréquemment (une ou deux fois par mois : par exemple, à l'occasion de la fête d'une des divinités de la science), ils se réunissaient par petits groupes et passaient la nuit sans dormir, à lire à haute voix chacun à son tour. Des pélerinages en toutes sortes d'endroits impressionnants : lieux d'exécutions, cimetières, maisons réputées hantées, furent des récréations recherchées par l'enfance. A l'époque où les décapitations étaient publiques, non seulement on envoyait les petits garçons assister au lugubre spectacle, mais on les obligeait encore à visiter seuls l'endroit en pleine nuit et à laisser un témoignage de leur visite, une marque, par exemple, sur la tête du décapité.

Ce système ultra-spartiate du « drill des nerfs » ne frappe-t-il pas le pédagogue moderne d'horreur et de doute ?... Doute sur le point de savoir si le résultat ne serait pas d'abrutir, d'écraser dans leurs boutons les tendres émotions du cœur ?

Le signe spirituel du courage est rendu sensible par le sang-froid, la calme présence d'esprit. L'impassibilité est le courage au repos. C'est une manifestation statique de la valeur, comme les actes audacieux en sont la manifestation dynamique. Un homme vraiment brave garde toujours sa sérénité, il ne trahit jamais de surprise ; rien ne trouble son égalité d'âme. Dans la chaleur du combat, il reste froid ; au milieu des catastrophes, il conserve l'équilibre de son esprit. Les tremblements de terre ne l'émeuvent pas ; il se rit des tempêtes. Nous admirons comme vraiment grand, celui qui, sous la menace d'un danger ou de la mort, garde la maîtrise de soi-même ; celui qui, par exemple, peut composer un poème au milieu du péril, ou chantonner un air en face de la mort. Une telle aisance, révélée par la main qui ne tremble pas ou par la voix restée assurée, est considérée comme le signe infaillible d'une nature généreuse, — de celle que nous appelons une grande âme (*yoyu*), de l'âme enfin qui, loin d'être comble ou surchargée, a toujours de la place pour quelque chose de plus.

Voici quelque chose qui passe chez nous pour le fragment d'une histoire authentique : Lorsque Ota Docan, le grand architecte du palais de Tokyo, fut transpercé par une lance, son assassin, qui savait la prédilection de sa victime pour la poésie, accompagna son coup de lance par ce couplet :

« Ah ! combien, en des instants pareils,
« Votre cœur doit regretter la lumière de la
[vie ! »

A quoi le héros expirant, nullement abattu par la blessure mortelle de son flanc, ajouta ce distique :

« S'il n'avait pas, dans les heures de paix,
« Appris à regarder la vie avec légèreté. »

Il y a même un élément sportif dans une nature courageuse. Des choses qui semblent difficiles au commun des mortels peuvent n'être qu'un jeu pour les vaillants. C'est ainsi que, dans les anciennes guerres, il n'était pas rare du tout que les partis aux prises échangeassent des réparties ou engageassent une controverse oratoire. Le combat n'était pas seulement affaire de force brutale : il était aussi bien une joute intellectuelle.

D'un tel genre fut la bataille livrée sur les rives du fleuve Koromo, vers la fin du onzième siècle. L'armée de l'est fut mise en déroute ; son chef, Sadato, prit la fuite. Comme le général qui le poursuivait le serrait de près et lui criait : « C'est un déshonneur pour un guerrier de faire voir son dos à l'ennemi », Sadato retint son cheval ; sur quoi, le chef vainqueur lui lança ce vers à l'improviste :

« Déchirée en lambeaux est la chaîne de l'habit ! »
(koromo).

Ces mots n'étaient pas sortis des lèvres du vainqueur que le vaincu, gardant son sang-froid, compléta le couplet :

LE BUSHIDO

« Depuis que le temps en a usé les fils par
[l'usage. »

Yoshiie, dont l'arc était resté tendu, le détendit soudain et fit demi-tour, laissant tranquillement aller celui qu'il s'apprêtait à tuer.

Lorsqu'on lui demanda la raison de cette singulière conduite, il répondit qu'il n'aurait pas eu le cœur de couvrir de honte un homme capable de garder sa présence d'esprit alors qu'il était serré de près par son ennemi.

La tristesse qui s'empara d'Antoine et d'Octave à la mort de Brutus a été éprouvée par la plupart des hommes braves. Kenshin, qui avait combattu Shingen pendant quatorze ans, lorsqu'il apprit la mort de celui-ci, pleura amèrement « la perte du meilleur de ses ennemis ». C'est ce même Kenshin qui avait donné un si noble exemple pendant tout le temps qu'il avait été en lutte contre Shingen, dont les provinces étaient situées dans une région montagneuse, très éloignée de la mer, et qui, pour le sel,

dépendaient du Hôjô, provinces du To-
kaido.

Le prince du Hôjô, voulant affaiblir Shingen (bien qu'il ne fût pas personnellement
en guerre ouverte avec lui) avait coupé à ce
dernier tout trafic de cette denrée importante. Kenshin, ayant eu connaissance de
la situation critique où se trouvait son
ennemi, et à même de tirer son sel des
côtes de ses propres domaines, écrivit à
Shingen que, pour lui, le seigneur du Hôjô
avait commis une très vilaine action et que,
bien que lui-même (Kenshin) fût en guerre
avec lui (Shingen), il avait donné à ses
sujets l'ordre de lui fournir tout le sel qu'il
lui faudrait ; et il ajouta : « Je ne me bats
pas avec le sel, mais avec l'épée », offrant
ainsi plus qu'un parallèle au mot de
Camille : « Nous, Romains, nous ne nous
battons pas avec de l'or, mais avec du fer ».
Nietzsche a parlé pour le cœur du samourai, lorsqu'il a écrit : « Vous avez le devoir
d'être fier de votre ennemi, car le succès de
votre ennemi est aussi le vôtre ». En effet,

la valeur et l'honneur commandent pareillement que nous n'ayons comme ennemis en
temps de guerre que ceux qui sont dignes
d'être nos amis en temps de paix. Lorsque la
Valeur atteint son sommet, elle s'apparente
à la Bonté.

Nous verrons dans un autre chapitre
quelle conception avait le Bushido de la
Valeur.

CHAPITRE V

LA BONTÉ, LA PITIÉ POUR LA DOULEUR

L'amour, la magnanimité, l'affection pour le prochain, la sympathie et la pitié ont toujours été proclamés les vertus suprêmes, les attributs les plus élevés de l'âme humaine. Elles étaient dites vertus princières en deux sens : princières pour leur rang parmi les divers attributs d'un noble esprit ; princières, comme convenant tout particulièrement à la profession de prince. Nous n'avons pas besoin d'un Shakespeare pour nous faire sentir (quoique peut-être, comme tout le monde, nous eussions besoin de lui pour le bien exprimer) que la pitié sied mieux encore à un monarque que sa couronne, qu'elle est au-dessus de la puissance dont le sceptre est l'emblème. Que de fois Confucius et Mencius répètent que le plus haut devoir d'un conducteur d'hommes, c'est la bonté. Confucius passe pour avoir dit ceci : « Qu'un Prince cultive la vertu, et le peuple se portera en foule vers lui ; avec le peuple viendront les terres ; avec les terres la richesse ; la richesse le payera de ses bonnes actions. La vertu est la racine, la richesse le fruit ». Et encore : « Le cas ne s'est jamais vu d'un souverain aimant la bonté, dont le peuple n'ait pas aimé l'honnêteté. » Mencius le suit de près en disant : « On cite des exemples de personnalités parvenues sans la bonté au pouvoir suprême dans un état unique ; mais je n'ai jamais entendu parler d'un Empire entier réuni aux mains d'un homme auquel cette vertu manquât ». Et enfin : « Il est impossible à quiconque de devenir un conducteur du peuple, à moins que le peuple n'ait donné prise sur son cœur. » Tous deux exigent cette qualité essentielle chez un

chef en disant : « Bonté, — la bonté c'est l'Homme. »

Sous le régime de la féodalité, — qui aurait pu facilement dégénérer en militarisme, — c'est à la bonté que nous dûmes d'être délivrés d'un despotisme de la pire espèce. Un abandon total « de la vie et du corps », de la part des sujets, n'aurait laissé au gouvernant que son vouloir sans frein, et cela aurait eu comme conséquence naturelle le développement de cet absolutisme, si souvent dénommé « despotisme oriental », — comme s'il n'y avait pas eu de despotes dans l'histoire occidentale !

Loin de moi l'idée de prôner n'importe quelle forme de despotisme ; mais c'est une erreur que de vouloir identifier la féodalité avec le despotisme. Lorsque Frédéric le Grand écrivait que : « Les rois sont les premiers serviteurs de l'Etat », les juristes pensèrent avec raison qu'une ère nouvelle s'ouvrait pour la liberté. Par une étrange coïncidence dans le temps, il arriva que, dans le fin fond des forêts du Nord-Ouest du Japon, Yozan de Yonézawa faisait exactement la même déclaration, montrant ainsi que la féodalité n'était ni tyrannie, ni oppression. Un prince féodal, encore que se souciant peu de devoir à ses vassaux la réciprocité des obligations, se sentait, vis-à-vis de ses ancêtres et du ciel, une plus grande responsabilité du fait qu'il avait des vassaux. Il était un père pour les sujets que le ciel lui avait confiés. Selon l'ancien livre chinois *Livre des Poésies*, « tout le temps que la Maison de Yin eut perdu les cœurs du peuple, le peuple pouvait paraître devant le Ciel ». Et Confucius, dans sa *Grande Science*, enseignait : « Lorsque le prince aime ce que le peuple aime et hait ce que le peuple hait, alors il est ce qu'on appelle le père et la mère du peuple ». C'est ainsi que les aspirations publiques et la volonté du monarque, — autrement dit la démocratie et l'absolutisme, — sont fondus l'un dans l'autre. Ainsi également, dans un sens qu'on ne donne pas d'habitude au mot, Bushido accueillit et corrobora un gouvernement paternel, paternel aussi comme opposé au gouvernement avunculaire le moins intéressé (celui de l'Oncle Sam, par exemple). La différence entre un gouvernement despotique et un gouvernement paternel consiste en ceci : que, dans l'un, le peuple obéit à regret, tandis que, dans l'autre, il le fait avec « cette fière soumission, cette obéissance digne, ce consentement du cœur qui, même dans la servitude, maintiennent vivant l'esprit exalté de la liberté [1] ». Le vieux dicton n'est pas tout à fait faux, qui appelait le Roi d'Angleterre « le roi des diables, à cause des insurrections fréquentes des sujets contre leurs princes, si souvent déposés par eux » ; — qui faisait du Roi de France le « roi des ânes, en raison du grand nombre de taxes et d'impôts » ; — mais qui donnait le titre de « roi des hommes au souverain d'Espagne, à cause de l'obéissance empressée de son peuple ». Mais assez sur ce sujet.

Vertu et pouvoir absolu sont des termes

1. Burke, *Révolution française.*

qui peuvent frapper l'esprit des Anglo-Saxons, comme leur paraissant inconciliables. Pobiedonostseff nous a clairement montré le contraste qui existait entre les fondations de la collectivité anglaise et celles des autres groupes européens : notamment que celles-ci étaient organisées sur la base de l'intérêt commun, au lieu que celle-là se distinguait par l'extrême développement de la personnalité de l'individu. Ce que dit cet homme d'Etat russe au sujet des Nations continentales d'Europe et particulièrement au sujet des peuples slaves, à propos de la façon dont les individus s'y subordonnent à certaines cellules sociales et, en dernière analyse à l'État, est doublement vrai du Japonais. Par suite, non seulement le libre exercice du pouvoir monarchique ne paraît pas à nos épaules aussi lourd qu'en Europe, mais il est généralement tempéré par une attention paternelle à tenir compte des sentiments du peuple. « L'absolutisme, dit Bismarck, exige en premier lieu du chef de l'impartialité, l'honnêteté, le dévouement à son devoir, l'énergie et l'humilité intérieure ». Si l'on me permet encore une citation sur ce sujet, je rappellerai un passage du discours de l'Empereur allemand à Coblence : il y parle de « la Royauté, par la Grâce de Dieu, avec ses lourds devoirs, ses redoutables responsabilités devant le Créateur seul, dont aucun homme, ni ministre, ni parlement, ne peuvent délier un Monarque ».

Nous savions que la bonté était une tendre vertu, proprement maternelle. Si la stricte Rectitude et l'austère Justice étaient expressément masculines, la Miséricorde avait la douceur et la force persuasive de la nature féminine. Nous étions mis en garde contre la tendance à se laisser aller à une charité sans discernement ou sans assaisonnement d'un peu de justice et de rectitude. Masamuné a fort bien exprimé la nuance dans son aphorisme souvent cité : « Rectitude poussée à l'excès se mue en dureté ; bonté pratiquée sans mesure dégénère en faiblesse ».

Heureusement que la miséricorde n'était pas aussi rare qu'elle est belle, car il est universellement vrai que : « les plus braves sont les plus tendres et que ceux qui aiment sont ceux qui osent ». *Bushi no nasaké* — la tendresse d'un soldat — : ces mots rendaient un son qui éveillait tout de suite en nous je ne sais quoi de noble ; non pas que la pitié d'un samourai fût spécifiquement différente de celle d'une autre créature humaine, mais parce que cette tendresse-là impliquait une sorte de pitié, qui n'était pas seulement un pur réflexe de l'instinct : on y discernait un hommage conscient à la justice ; la pitié n'y était pas seulement un simple état de la sensibilité, mais elle y était renforcée par le pouvoir de tuer et de sauver. Comme les économistes parlent de demandes efficaces ou inefficaces, ainsi nous pouvons appeler efficace la clémence de Bushi puisqu'elle impliquait le pouvoir d'agir pour le bien du bénéficiaire ou à son détriment.

Tout fiers qu'ils étaient de leur force brutale et de la faculté d'en tirer parti, les samourai donnèrent cependant plein agrément à ce que Mencius enseignait concernant la puissance de l'amour. « La bonté, disait-il, courbe sous son ascendant tout ce qui fait obstacle à sa force, de même que le feu est vaincu par l'eau : ceux-là seuls doutent du pouvoir qu'a l'eau d'éteindre les flammes, qui essayent d'éteindre avec une tasse d'eau une voiture entière de fagots en feu ». Il dit aussi que, « d'être ému par le malheur, c'est la source de la beauté », et qu'un homme bon est par suite toujours touché par le spectacle de ceux qui souffrent et qui sont dans la peine. On le voit, Mencius a largement devancé Adam Smith qui fonde son éthique philosophique sur la sympathie.

On est vraiment frappé de voir à quel point le code d'honneur de la chevalerie d'un pays coïncide avec le code des autres pays ; en d'autres termes, combien les idées si méconnues de la morale orientale sont symétriques des plus nobles maximes de la littérature européenne. Si les vers fameux :

Hae tibi erunt artes — pacisque imponere morem,
Parcere subjectis, et debellare superbos,

étaient montrés à 'un gentilhomme japonais, il pourrait immédiatement accuser le barde de Mantoue d'en avoir plagié l'esprit dans la littérature de sa propre patrie.

La bonté envers les faibles, les gens à terre ou les vaincus, fut toujours exaltée comme convenant particulièrement à un samourai. Les amateurs d'art japonais doivent être sans doute familiarisés avec le tableau représentant un prêtre à califourchon sur une vache, sens devant derrière. Ce cavalier fut jadis un guerrier dont le nom était alors synonyme de terreur. Dans cette terrible bataille de Sumano-ura (1184 ap. J.-C.) qui fut une des plus décisives de notre histoire, il surprit un ennemi et, dans un combat singulier, l'étreignit entre ses bras de géant. Les règles de la guerre voulaient alors qu'en pareille circonstance aucun sang ne fût versé,

à moins que le vaincu ne fût, comme rang
et comme habileté, à égalité avec le vainqueur. Le farouche combattant voulut donc
connaître le nom de l'homme qu'il avait ter-
rassé ; et, celui-ci se refusant à le dire, son
casque lui fut enlevé sans pitié ; mais, à la
vue d'une figure juvénile, gracieuse et
imberbe, le chevalier étonné relâcha son
étreinte. Aidant l'adolescent à se remettre
sur pieds, il lui enjoignit d'un ton paternel de s'en aller : « Va-t'en, jeune prince,
auprès de ta mère ! L'épée de Kumagayé ne
sera jamais ternie d'une goutte de ton sang.
Hâte-toi et fuis par là-bas, avant que tes
ennemis arrivent ! » Le jeune guerrier
refusa de s'enfuir et supplia Kumagayé,
pour l'honneur de tous deux, d'en finir sur
le champ. Au-dessus de la tête du vétéran
brilla la lame froide qui, maintes fois auparavant, avait tranché les fils de la vie ; mais
son cœur vaillant fléchit ; la vision de son
propre fils qui, ce jour-là même, marchait au
son de la trompette pour faire ses premières
armes, traversa son esprit comme un éclair ;

la forte main du guerrier trembla ; à nouveau il supplia sa victime de fuir et de sauver sa vie. Voyant que toutes ses prières restaient vaines, et entendant les autres s'approcher, il s'écria : « Si tu es surpris, tu risques de mourir d'une main moins noble que la mienne ! O toi, Infini ! reçois son âme ! » Un instant, l'épée brilla dans l'air, et lorsqu'elle fut retombée, elle était rouge du sang de l'éphèbe. Quand la guerre fut finie, nous retrouvons notre soldat rentrant au milieu d'un triomphe ; mais peu lui chaut maintenant honneur et gloire ; il renonce à la carrière des armes, rase sa téte, revêt la robe de prêtre : il consacre le reste de sa vie à de saints pélerinages, ne se retournant plus jamais vers l'Ouest, où se trouve le Paradis, d'où vient le salut, et où le soleil se hâte chaque jour vers son repos.

Des critiques pourront trouver des défauts à cette histoire qui, en casuistique, est attaquable. Soit ! Quoi qu'il en soit, elle montre que la Tendresse, la Pitié et l'Amour étaient des traits dont s'ornaient les exploits les plus sanguinaires d'un samourai. Il y avait chez eux une vieille maxime qui disait : « Il ne sied pas à l'oiseleur de tuer l'oiseau qui se réfugie dans son sein ». Cela explique en grande partie pourquoi l'élan de la Croix-Rouge, considéré pourtant comme essentiellement chrétien, trouva parmi nous un accueil si empressé. Bien des décades avant que nous eussions entendu parler de la Convention de Genève, Bakin, notre grand romancier, nous avait familiarisés avec les secours médicaux à donner à un ennemi tombé. Dans la principauté de Satsuma, qui se signalait par le caractère martial de son éducation et de son esprit, la coutume était prépondérante chez les jeunes gens de pratiquer la musique, non pas les éclats de la trompette ou le battement du tambour — « ces voix hurlantes avant-coureuses du sang et de la mort » — qui nous incitent à imiter les actions du tigre : la musique en honneur, c'étaient les tendres et tristes mélopées sur la *biwa* [1] qui apaisent nos esprits

1. Instrument de musique ressemblant à la guitare.

farouches, qui éloignent nos pensées de l'odeur du sang et des scènes de carnage. Polybe nous parle de la Constitution d'Arcadie, laquelle exigeait que tous les jeunes gens de moins de trente ans pratiquassent la musique afin que cet art aimable adoucît les duretés de l'inclémente région. C'est à son influence qu'il attribue l'absence de cruauté dans cette partie des montagnes d'Arcadie.

Satsuma n'était d'ailleurs pas le seul endroit du Japon où la douceur fût inculquée à la classe guerrière. Parmi les pensées que notait au hasard un Prince de Shirakawa se trouve celle-ci : « Quelque furtivement que se glissent jusqu'à votre couche, dans les silencieuses insomnies de la nuit, le suave parfum des fleurs, le son des cloches lointaines, le bourdonnement des insectes dans la nuit glacée, ne les repoussez pas, chérissez-les plutôt ». Et encore : « Bien qu'elles puissent vous faire quelque peine, votre devoir est pourtant de pardonner à ces trois choses : à la brise qui effeuille vos fleurs, aux nuages qui vous cachent la lune, et à l'homme qui vous cherche une querelle. »

Ostensiblement, c'était pour exprimer ces émotions plus douces que fut encouragée la composition des poèmes ; mais, en fait, c'était surtout pour les cultiver. Dans notre poésie coule par suite un flot intérieur de charité et de tendresse. Une anecdote bien connue, sur un samourai assez fruste, illustre très justement ce point particulier. Comme on lui prescrivait d'apprendre la versification, et que « Le Chant de la Fauvette » lui était donné pour thème de son premier essai, son fier naturel se rebella, et il jeta aux pieds de son maître cette élucubration, soi-disant baroque, ainsi conçue :

> « Le brave guerrier tient fermée
> L'oreille qui pourrait entendre
> Le chant de la fauvette. »

Son maître, sans se laisser décourager par la rudesse de ses sentiments, continua à encourager le jeune homme jusqu'à ce que, un jour enfin, la musique de son âme s'éveillât et qu'elle répondît aux doux trilles de l'*uguisu* [1] et qu'il écrivît :

> « Se tient le guerrier, armé et fort,
> Pour entendre le chant de l'uguisu,
> Gazouillement doux au milieu des arbres. »

Nous admirons et goûtons cet héroïque incident de la vie si brève de Körner, lorsque, gisant blessé sur le champ de bataille, il écrivit son fameux *Adieu à la vie*. Des incidents de ce genre n'étaient pas rares du tout dans nos guerres. Nos savoureux poèmes épigrammatiques convenaient particulièrement bien à l'improvisation de l'expression d'un sentiment particulier. Chacun, à quelque classe qu'il appartînt, était ou poète ou rimailleur. Il était assez fréquent qu'on vît un soldat en marche s'arrêter, tirer de sa ceinture ce qu'il fallait pour écrire et composer une ode ; et ces papiers étaient ensuite retrouvés dans les casques ou dans les cui-

1. L'uguisu ou alouette, appelé quelquefois le rossignol du Japon.

rasses des guerriers morts, quand on les leur enlevait.

Ce que le Christianisme a fait en Europe, pour éveiller la compassion au sein des horreurs de la guerre, l'amour de la musique et des lettres l'a fait au Japon. La culture des sentiments de tendresse engendre une aptitude à prendre part aux souffrances d'autrui. La modestie et l'obligeance, issues du respect des sentiments d'autrui, sont à la base de la politesse.

CHAPITRE VI

LA POLITESSE

Tous les touristes étrangers ont noté la courtoisie et l'urbanité des manières comme un trait saillant des mœurs japonaises. La politesse n'est qu'une assez piètre vertu si elle est inspirée uniquement par la crainte d'offenser le bon ton, attendu qu'elle devrait être surtout la façon extérieure de manifester des égards sympathiques pour les sentiments d'autrui. Elle implique aussi le respect que l'on doit à des convenances justifiées, par suite le respect dû aux positions sociales ; car ces dernières ne reposent pas sur des différences d'ordre ploutocratique,

mais, originairement, sur de réelles différences de mérite.

Dans sa forme la plus haute, la politesse
confine presque à l'amour. Nous pouvons
donc dire avec respect : la politesse « est très
patiente et elle est bonne ; elle n'envie point,
elle ne se vante pas, ne fait pas d'embarras ;
elle ne se comporte pas d'une façon inconve-
nante, ne pense pas à elle-même, n'est pas
facilement vexée et ne fait pas attention au
mal ». Faut-il s'étonner alors que le Professeur Dean, parlant des six éléments de
l'humanité, accorde à la politesse une place
très élevée, d'autant plus qu'elle représente
le fruit le plus délicat des relations sociales ?

En exaltant ainsi la politesse, loin de moi
la pensée de la mettre au premier rang des
vertus. Si nous l'analysons, nous la trouve-
rons corrélative à d'autres vertus d'un ordre
plus élevé : mais, aussi bien, qu'elle est la
vertu qui n'ait ses harmoniques ? Alors
qu'elle était ou plutôt parce qu'elle était
exaltée comme particulière à la profession
des armes, et, comme telle, plus estimée

qu'elle ne le méritait, la politesse vit son existence compromise par sa contrefaçon. Confucius lui-même a fréquemment enseigné que les formes extérieures représentent, dans les bienséances, une part aussi infime que les sons bruts dans la musique.

Lorsque la bienséance était regardée comme le *sine qua non* des relations sociales, c'était seulement dans l'espoir qu'un système élaboré d'étiquette serait mis en vogue pour dresser la jeunesse à se conduire correctement dans les relations sociales.

Comment il fallait s'incliner en abordant quelqu'un, marcher, s'asseoir, fut enseigné et appris avec le plus grand soin. La façon de se tenir à table passa au rang d'une science. Servir le thé, le boire, devint une cérémonie. Un homme de bonne éducation est tenu d'être passé maître en tout cela. C'est très justement que M. Veblen, dans son intéressant ouvrage [1], appelle le décorum le produit et la caractéristique de la classe oisive.

1. *Théorie de la Classe Oisive*, N. Y., p. 46.

LA POLITESSE

J'ai entendu des Européens faire des remarques de dédain sur notre code de politesse. On l'a critiqué comme absorbant trop de nos pensées, et l'on a été jusqu'à dire que c'était folie d'accorder à ce code une stricte obéissance. J'admets qu'il puisse y avoir des gentillesses inutiles dans notre étiquette ; mais je ne suis pas du tout sûr qu'elles relèvent plus de la sottise que la soumission des Occidentaux à leurs modes perpétuellement changeantes.

Même les modes, je ne les considère pas exclusivement comme des caprices de la vanité ; au contraire, je les regarde comme des efforts perpétuels de l'esprit humain vers la beauté. Encore moins considéré-je un cérémonial compliqué comme quelque chose d'absolument dénué d'importance ; c'est le fruit de longues observations faites en vue de trouver la meilleure méthode pour atteindre un certain résultat. Quelle que soit la chose à faire, il y a certainement une manière de la faire qui vaut mieux que les autres ; et la meilleure est celle qui est à la fois la plus économique et la plus gracieuse. Spencer définit la grâce la plus grande économie réalisée dans le mouvement. La cérémonie du thé consiste en certaines façons réglées de manier un bol, une cuillère, une serviette, etc. A un novice, cela paraît fastidieux. Mais, bientôt, on découvre que la façon prescrite est, somme toute, celle qui épargne le plus de temps et de peine ; en d'autres termes, celle qui représente la plus grande économie de force, et par suite, d'après Spencer, « le geste le plus gracieux ».

La signification spirituelle du décorum social (et, si je faisais un emprunt au vocabulaire de la « Philosophie des Costumes », je pourrais dire : la discipline spirituelle, dont l'étiquette et la cérémonie ne sont que de simples vêtements extérieurs)... je dis que cette signification a une portée infiniment plus haute que nous ne serions tentés de le croire en jugeant sur la seule apparence. Je pourrais prendre exemple sur Spencer et faire voir, dans nos institutions relatives aux cérémonies, la trace de leurs origines et les motifs d'ordre moral qui leur ont donné naissance ; mais ce n'est pas l'objet que je me suis proposé dans ce livre. C'est sur le dressage moral, impliqué dans la stricte observance des bienséances, que je désire insister.

J'ai dit que l'étiquette avait été poussée jusqu'au raffinement des plus jolies délicatesses, au point de donner naissance à diverses écoles, préconisant des systèmes différents. Mais elles s'unirent dans leur fin essentielle, et la formule suivante en fut donnée dans une maxime célèbre d'une des écoles les plus fameuses d'étiquette, l'Ogasawara : « La fin de toute étiquette est de cultiver votre esprit de telle manière que, même lorsque vous êtes tranquillement assis, l'idée ne puisse même pas venir au plus grossier des manants d'oser vous attaquer. » En d'autres termes, cela signifie que, par la pratique constante des bonnes manières, on en arrive à placer les différentes parties de son corps et toutes ses facultés dans un ordre si parfait et dans une telle harmonie, soit avec sa propre personne, soit avec tout ce qui vous environne, que l'on démontre ainsi la maîtrise de l'esprit sur la chair. Dès lors, quel sens nouveau et profond le mot *bienséance* [1] ne contient-il pas ?

Si l'on ne nous a pas trompés en nous disant que « grâce » était synonyme d'économie de force, il s'en suit alors logiquement que la pratique constante de gestes gracieux doit impliquer une épargne et une accumulation de force. De belles manières équivalent donc à de la force au repos. Lorsque les Gaulois barbares, pendant le sac de Rome, firent irruption dans le Sénat assemblé, et qu'ils osèrent tirer la barbe des vénérables patriciens, notre avis est que ces vieux gentilshommes peuvent mériter un blâme, dans la mesure où leurs manières auraient manqué de dignité et de noblesse. Peut-on par l'étiquette, atteindre aux plus

1. Etymologiquement : le fait d'être bien assis. (Le mot est en français dans le texte.)

hautes régions de la spiritualité ? Pourquoi pas ? Tous les chemins mènent à Rome.

Comment il est possible de faire, de la chose la plus simple, un art et finalement une culture spirituelle, je tâcherai d'en donner une idée par le *Cha-no-yu*, la cérémonie du thé. — Un art, la dégustation du thé ! — Et pourquoi non ? Dans l'enfant qui trace des dessins sur le sable ou dans le sauvage qui grave dans le roc, pourquoi n'y aurait-il pas un futur Raphaël ou un futur Michel-Ange ? Il y a dans l'absorption d'un breuvage quelque chose de bien plus significatif ; et il est tout naturel que cet acte devienne un rite au service de la religion et de la moralité, surtout, si l'on réfléchit qu'il a débuté par la contemplation transcendentale d'un anachorète hindou. Ce calme de l'esprit, cette sérénité de l'humeur, cette aisance paisible des gestes, — qui sont les éléments essentiels du *Cha-no-yu*, — sont sans aucun doute les premières des conditions pour penser et pour sentir juste. La propreté scrupuleuse de la petite chambre soustraite à la vue et au bruit de la foule grouillante est, à elle seule, un chemin par où nos pensées peuvent un moment s'évader du monde. La nudité de l'intérieur ne distrait pas notre attention, comme le font les innombrables peintures et le bric-à-brac d'un salon occidental ; la présence de *kakémono* [1] attire notre attention plutôt sur la grâce du dessin que sur la beauté des couleurs. Ce qu'on a eu en vue, c'est de donner satisfaction au goût le plus raffiné ; toute espèce d'étalage a été banni avec une religieuse horreur. Le fait même que tout cela a été institué par un reclus contemplatif, dans un temps où les guerres et les menaces de guerre étaient incessantes, tend très bien à prouver que cette institution était quelque chose de plus qu'un passe-temps. Avant de pénétrer dans le paisible asile de la chambre de thé, pour y goûter la paix et l'amitié, la compagnie assemblée pour participer à la cérémonie avait mis de côté, avec ses épées, la

1. Panneaux suspendus représentant des images ou des maximes idéographiques et dont on décore les cloisons.

férocité du champ de bataille et les soucis du gouvernement.

Le *Cha-no-yu* est plus qu'une cérémonie : c'est un pur art, c'est de la poésie en gestes rythmés : — c'est un *modus operandi* de la discipline de l'âme. C'est dans cette dernière phase que réside sa plus grande valeur. Assez souvent, les autres phases prennent une place prépondérante dans l'esprit des adeptes ; mais cela ne prouve pas que, dans son essence, elle ne soit pas de nature spirituelle.

Quand elle ne ferait pas autre chose que de conférer de la grâce aux manières, la politesse serait déjà une précieuse acquisition ; mais son rôle ne s'arrête pas là. Car la bienséance étant due, en fait, à des mobiles de bonté et de modestie, et étant inspirée par de tendres sentiments pour les sensibilités des autres, est toujours une façon gracieuse d'exprimer sa sympathie. Elle exige que nous pleurions avec ceux qui pleurent et que nous nous réjouissions avec ceux qui se réjouissent. De tels préceptes didactiques, même réduits aux menus détails de la vie journalière, en arrivent à se manifester dans de petites actions qui passent presque inaperçues ou qui, si on les remarque, sont, — comme me le disait une dame missionnaire en résidence au Japon depuis vingt ans —, « terriblement drôles ». Vous êtes dehors, en pleine chaleur, sous un soleil aveuglant, et vous n'avez pas d'ombrelle ; passe un Japonais que vous connaissez et qui, lui, en a une ; vous l'abordez, et il s'empresse de retirer son chapeau ; rien là que de tout à fait naturel ; mais le « terriblement drôle » est que, pendant tout le temps qu'il parle, il garde abaissé son parasol et qu'il se tient, comme vous, sous ce soleil de feu. — Quel nigaud ! — Oui, vraiment, s'il n'y avait pas ces raisons délicates : « Vous êtes au soleil ; je sympathise avec vous ; volontiers je vous prendrais sous mon parasol s'il était assez grand, ou si nous étions suffisamment intimes ; et, du moment que je ne puis pas vous abriter, du moins je partagerai votre position inconfortable ». Les petits actes de ce genre sont peut-être plus ou moins amusants : en tout cas, ce ne sont pas de simples gestes ou des choses purement conventionnelles. Ce sont, matérialisés, nos sentiments d'égards pour le confort d'autrui.

Une autre coutume « terriblement drôle » nous est dictée par nos lois de la politesse ; mais beaucoup d'écrivains qui ont parlé du Japon d'une façon superficielle l'ont méconnue en l'attribuant simplement à je ne sais quel parti pris national de prendre tout à rebours. Tous les étrangers qui auront pu observer cette coutume confesseront l'embarras qu'ils auront éprouvé à faire là-dessus une réponse qui eût de l'à-propos. Lorsque, en Amérique, vous faites un cadeau, vous le vantez au récipiendaire ; au Japon, nous le déprécions et le dénigrons. L'idée que, vous, vous sous-entendez, est celle-ci : « Ceci est joli : si le présent n'était pas joli, je n'oserais pas vous l'offrir, car ce serait vous offenser que de vous offrir quelque chose qui ne fût point joli. » Tout au

contraire, notre idée à nous est la suivante :
« Vous êtes une charmante personne :
aucun cadeau n'est digne de vous. Si vous
condescendez à accepter quoi que ce soit
que je pourrais déposer à vos pieds, ce sera
uniquement parce que vous y verrez un
témoignage de ma bonne volonté ; acceptez
donc ceci, non pour sa valeur intrinsèque,
mais comme témoignage. Ce serait une
offense à votre valeur que de croire que le
plus beau des cadeaux fût assez beau pour
vous. » Rapprochons les deux conceptions
l'une de l'autre, et nous verrons que la conception fondamentale est la même. Ni l'une
ni l'autre n'est « terriblement drôle ».
L'Américain souligne la valeur matérielle
de son présent : le Japonais indique l'esprit
qui y a présidé.

Ce serait mal raisonner — sous prétexte
que notre sentiment de la bienséance se fait
voir dans les plus minces détails de nos
mœurs — que de choisir le moins important de ces détails, de lui attribuer une
valeur typique, et de passer outre au prin-

cipe qui l'a inspiré. Quelle est la chose la plus importante : manger ou observer les règles de la bienséance en mangeant ? Un sage Chinois répond : « Si vous envisagez un cas où manger soit de toute importance, et l'observance des règles de la bienséance de peu d'importance, et que vous compariez l'une à l'autre, les deux nécessités, pourquoi ne pas dire tout uniment que manger est de plus grande importance ? » « Le métal est plus lourd que les plumes ». Mais ce dicton vaut-il pour un simple objet de métal, pour un cadenas, une agrafe, ou pour tout un wagon de plumes ? Prenez un morceau de bois d'un pied de long, et dressez-le au faîte d'un temple : quelqu'un dirat-il qu'il est plus grand que le temple ? A la question : « Qu'est-ce qui est le plus important de dire la vérité ou d'être poli ? », les Japonais sont réputés comme faisant une réponse diamétralement opposée à celle des Américains.... Mais je m'abstiendrai de tout commentaire avant d'avoir parlé de la véracité et de la sincérité.

CHAPITRE VII

Sans véracité et sans sincérité, la politesse n'est que farce et semblant. « La bienséance poussée à l'extrême, dit Masamuné, devient un mensonge ». Un poète ancien a dépassé Polonius en formulant cette maxime : « Sois fidèle à toi-même ; si dans ton cœur tu ne t'écartes pas de la vérité, tu n'auras pas besoin de prier les Dieux pour qu'ils te protègent efficacement ». Dans sa *Doctrine du Moyen*, Confucius fait une sorte d'apothéose de la sincérité et lui attribue des pouvoirs transcendantaux qu'il identifie presque au Divin. « La sincérité est la fin et le commencement de toutes choses ; sans la sincérité, rien n'existerait ». Il insiste éloquemment sur la portée de sa nature et sur ce qu'il y a en elle de durable, sur son pouvoir de produire des changements sans mouvement, et d'accomplir ses desseins sans effort et par sa seule présence. On est tenté d'établir un parallèle entre l'idéogramme chinois signifiant Sincérité (et qui est une combinaison de « Parole » et de « Perfection ») et la doctrine néoplatonicienne du *Logos,* tellement ce sage fait planer haut la sincérité dans une sublime envolée mystique.

Mensonge ou équivoque étaient tenus pour une lâcheté égale. Le bushi soutenait que sa haute position sociale réclamait une véracité d'un degré supérieur à celle d'un commerçant ou d'un paysan. *Bushi no ichi-gon,* c'est-à-dire la parole donnée par un samouraï (ou, dans son exact équivalent allemand, *Ritterwort*), était une garantie suffisante de la véracité d'une assertion. Sa parole toute seule avait un tel poids qu'une promesse était généralement faite et tenue sans engagement écrit ; l'octroi d'un papier eût été regardé comme très au-dessous de sa dignité. On a raconté des anecdotes saisissantes sur ceux qui expièrent par la mort le *ni-gon*, une langue double.

On avait un tel respect pour la véracité que, contrairement à la généralité des chrétiens qui persistent à violer le commandement formel du Maître de ne pas jurer, les samourai qui se respectaient regardaient un jurement comme une dérogation à leur honneur. Je sais fort bien qu'ils juraient par différents dieux ou sur leurs épées ; mais jamais leurs serments ne dégénéraient en paroles relâchées ou en interjections irrévérencieuses. Pour donner de la solennité à notre parole, nous avions parfois recours à la pratique de sceller avec du sang. Comme explication de cette pratique, il me suffira de renvoyer mes lecteurs au *Faust* de Goethe.

C'est à un auteur contemporain américain que revient la responsabilité d'avoir avancé que, si l'on demande à un Japonais moyen lequel vaut mieux : de dire un mensonge ou d'être impoli, il n'hésitera pas à répondre « Dire un mensonge ! » Le Dr Peery[1] a raison d'un côté et tort de l'autre ; raison en ceci qu'un Japonais moyen, et même un samourai, peuvent répondre dans les termes qu'on leur prête ; mais tort en attribuant trop de poids au terme qu'il traduit par « mensonge ». Ce mot (en japonais, *uso*) est employé pour désigner tout ce qui n'est pas une vérité (*makoto*) ou un fait (*honto*). Lowell nous dit que Wordsworth n'arrivait pas à discerner la différence entre vérité et fait, en quoi un Japonais moyen est en cela pareil à Wordsworth. Demandez à un Japonais — ou même à un Américain quelque peu raffiné — de vous dire s'il éprouve de l'aversion pour vous ou, encore, s'il a mal à l'estomac : il n'hésitera pas à vous faire un mensonge, et il répondra : « Je vous aime beaucoup », ou, dans l'autre cas : « Je suis très bien, merci ». Sacrifier la vérité uniquement par respect de la politesse était consi-

---

1. Peery, *Le point principal au Japon*, p. 86.

déré comme une « forme vide » (*kyo-rei*) et une « tromperie par de douces paroles ».

Bien que ce soit expressément de l'idée de Bushido sur la véracité qu'il soit ici question, il ne serait pas déplacé de dire aussi quelques mots sur notre intégrité commerciale dont je sais qu'on s'est plaint dans les livres et les journaux étrangers. Une moralité commerciale relâchée a été vraiment la pire des taches sur notre réputation nationale ; mais, avant de médire de cette moralité ou de se hâter de condamner toute la race, étudions cette question avec calme et nous y gagnerons la compensation d'être réhabilités désormais.

De toutes les grandes occupations de la vie, aucune n'était plus éloignée de la profession des armes que le commerce. Le marchand était placé tout en bas de l'échelle des professions : Chevalier, Laboureur, Artisan, Marchand. Le samouraï tirait son revenu de ses terres et il pouvait même faire de l'agriculture en amateur, si le cœur lui en disait ; mais il abhorrait l'abaque et le comptoir.

VÉRACITÉ ET SINCÉRITÉ

Nous savons ce qu'il y a de sage dans une telle organisation sociale. Montesquieu a montré clairement que le fait, pour la noblesse, d'être exclue de toute carrière mercantile était d'une admirable politique sociale, en ce qu'il empêchait les richesses de s'accumuler entre les mains des puissants. La séparation du pouvoir et des richesses permit une distribution un peu plus équitable de ces dernières. Le professeur Dill, l'auteur de *La Société Romaine au dernier siècle de l'Empire d'Occident*, nous remémore qu'une des causes de la décadence de l'Empire Romain fut la permission donnée à la noblesse de faire du commerce, et, consécutivement, la monopolisation de la richesse et de la puissance par une minorité de familles sénatoriales.

C'est pourquoi, dans le Japon féodal, le commerce n'atteignit pas le développement qu'il eût atteint sous des conditions plus libres. Le peu d'estime qu'on accordait à cette profession y confina naturellement ceux qui se souciaient peu de la considération sociale. « Appelez quelqu'un voleur et il volera ! » Ravalez une profession, et ceux qui s'y adonnent y ajusteront leurs mœurs, parce qu'il est naturel que « la conscience normale, comme dit Hugh Black, s'élève jusqu'au plan où on l'appelle, et qu'elle tombe facilement au niveau inférieur qu'on lui assigne. » Inutile d'ajouter, n'est-ce pas, qu'aucune affaire commerciale ou autre ne saurait être traitée en dehors d'un code de moralité. Nos marchands de la période féodale en avaient un qui leur était propre, sans quoi jamais ils n'auraient pu développer, comme ils le firent d'une façon rudimentaire, des institutions commerciales fondamentales, telles que les corporations, les banques, la bourse, les assurances, les chèques, les lettres de change, etc. ; mais, dans leurs relations avec les hommes exerçant un autre métier que le leur, les gens d'affairès se conformèrent trop à la réputation faite à leur classe.

Cela posé, lorsque le pays s'ouvrit au commerce étranger, seuls les plus aventureux et les moins scrupuleux se ruèrent dans les ports, cependant que les maisons de commerce respectables persistèrent pendant quelque temps à décliner les invitations répétées des autorités d'avoir à y ouvrir des succursales. Bushido fut-il impuissant à arrêter le courant du manque d'honneur commercial ? Voyons cela.

Ceux qui connaissent bien notre histoire se souviendront que c'est seulement quelques années après l'ouverture de nos ports à traité au commerce étranger que fut abolie la féodalité, et que c'est après le retrait de leurs fiefs aux samourai et l'octroi, à ceux-ci, de titres mobiliers en compensation, qu'ils eurent dès lors la liberté d'investir ces valeurs dans les affaires commerciales. On pourra dire, il est vrai : « Qu'est-ce qui les empêchait d'apporter à ces nouvelles relations commerciales leur loyauté tant vantée et de réformer ainsi les vieux abus ? » Ceux qui voyaient ce qui se passait n'avaient pas assez de larmes, ceux qui avaient le cœur sensible ne trouvaient pas en eux encore assez de sympathie pour déplorer le sort lamentable de plus d'un honnête et noble samourai. Visiblement et irrévocablement, presque tous échouaient dans cette carrière toute nouvelle du commerce et de l'industrie, avec laquelle ils n'étaient pas familiarisés ; ils manquaient totalement de l'astuce qu'il eût fallu pour se mesurer avec leurs adroits rivaux plébéiens. Quand on sait que 80 % des entreprises font faillite dans un pays aussi industrieux que l'Amérique, est-il surprenant qu'à peine un samourai sur cent, de ceux qui se lancèrent dans les affaires, ait pu réussir dans sa nouvelle profession ? Il faudra longtemps avant que l'on connaisse le nombre des fortunes qui furent englouties en essayant d'appliquer l'enseignement du Bushido aux méthodes commerciales ; mais, pour tout esprit observateur, il a toujours été évident que les routes de la fortune n'étaient pas celles de l'honneur. Sous quels rapports étaient-elles donc différentes ?

Des trois mobiles que Lecky donne

comme poussant à la loyauté, savoir : l'industriel, le politique et le philosophique, le premier manquait totalement au Bushido. Le deuxième ne pouvait que se développer faiblement sous un régime féodal, dans une communauté politique. C'est sous son aspect philosophique, et, comme le dit Lecky, sous son aspect le plus noble, qu'il fut donné à l'honnêteté d'atteindre un rang élevé dans notre hiérarchie des vertus. Lorsque, avec un respect sincère pour la haute intégrité commerciale de la race anglo-saxonne, je demande quelle en est la raison profonde, on me répond que « l'honnêteté est la meilleure des politiques » et que, d'être honnête, cela *paye*. Cette vertu n'est-elle pas, dès lors, sa propre récompense ? Si elle n'est pratiquée que par ce qu'elle rapporte plus d'argent que la mauvaise foi, je crains bien que le Bushido ne préfère mentir.

Si le Bushido rejette une doctrine de la récompense *quid pro quo*, le commerçant plus malin l'acceptera avec empressement.

Lecky a très justement remarqué que la loyauté devait son développement en grande partie au commerce et à l'industrie, ce que Nietzsche a traduit par : l'honnêteté est la plus jeune des vertus. En d'autres termes, on peut dire qu'elle est le nourrisson de l'industrie moderne. Sans cette mère, la loyauté n'aurait été qu'un orphelin de sang bleu, que, seul, un esprit très cultivé eût été à même d'adopter et d'élever. Des esprits de cette qualité étaient fréquents chez les samourai ; mais, faute d'une mère nourricière plus démocratique et plus pratique, le délicat enfant ne put prospérer. L'industrie se développant, la véracité deviendra une vertu facile et même profitable à pratiquer. Prenez garde que pas plus loin qu'en novembre 1880, Bismarck envoyait une circulaire aux consuls attitrés de l'Empire Germanique, attirant leur attention sur « un lamentable manque de confiance qu'on témoignait aux marchandises *inter alia* exportées d'Allemagne, et dont on suspectait à la fois la qualité et la quantité ». Actuellement nous entendons relativement peu parler de la négligence et de la malhonnêteté des Allemands en matière de commerce. En vingt ans, leurs marchands ont appris qu'en fin de compte l'honnêteté paye. Les nôtres l'ont déjà découvert. Pour le reste, je renvoie le lecteur, pour qu'il ait sur ce point un jugement de poids, à ce qu'ont dit deux écrivains récents [1]. Il est intéressant de remarquer que, sous ce rapport, l'intégrité et l'honneur étaient les garanties les plus sûres que même un commerçant débiteur pût faire valoir comme promesse de paiement. C'était même un usage courant d'insérer des clauses comme celles-ci : « A défaut de remboursement de la somme qui m'a été prêtée, je ne protesterai pas si l'on me ridiculise en public » ; ou encore : « Au cas où je ne vous rembourserais pas, vous pourrez me traiter de fou », et ainsi de suite.

Je me suis souvent demandé si l'amour de Bushido pour la franchise ne puisait pas

1. Knapp, *Feudal and Modern Japan*, vol. I, ch. IV. Ransome, *Japan in Transition*, ch. VIII.

sa source dans un sentiment plus élevé que le courage proprement dit. En l'absence d'aucun commandement positif contre l'énonciation d'une fausse attestation, le mensonge n'était pas condamné comme péché, mais simplement dénoncé comme faiblesse, et, comme tel, considéré comme grandement déshonorant. En fait, l'idée de l'honnêteté est si intimement liée à celle de l'honneur, et l'étymologie latine et allemande des deux mots est si identique, qu'il est grand temps de que je m'arrête un instant pour considérer ce trait caractéristique des préceptes de la Chevalerie.

CHAPITRE VIII

L'HONNEUR

Le sentiment de l'honneur, impliquant une conscience très aiguë de valeur et de la dignité personnelles, ne pouvait manquer de devenir la caractéristique des samourai, nés et élevés dans l'estime des devoirs et des privilèges de leur profession. Quoique le mot ordinairement employé de nos jours pour exprimer l'idée d'honneur ne fût pas couramment employé, l'idée cependant en était traduite par des termes tels que : *na* (nom), *men-moku* (contenance), *guai-bun* (attention extérieure), tous termes qui, respectivement, évoquent pour nous l'acception biblique de « nom », l'évolution du terme « personnalité » issu du masque grec, — enfin la « réputation ». Un bon nom, c'est-à-dire la réputation que l'on a, « la partie immortelle de soi-même, le reste étant bestial », posait comme chose allant de soi que toute atteinte à l'intégrité de ce nom était considérée comme une honte ; et le sentiment de la honte (*Ren-chi-shin*) était, dans l'éducation de la jeunesse, un des premiers à cultiver. « On se moquera de vous », « Cela vous déshonorera », « N'êtes-vous pas honteux ? » étaient les stimulants suprêmes pour corriger la conduite d'un jeune délinquant. Un tel appel fait à son honneur touchait le point le plus sensible du cœur de l'enfant, comme si, dans les flancs de sa mère, il eût été nourri d'honneur. On ne saurait contester, en effet, que le sentiment de l'honneur agisse comme une influence pré-natale, intimement lié qu'il est à la conscience du sentiment familial. « En perdant ce qui rendait solidaires les membres d'une famille, dit Balzac, la société a perdu la force fondamentale que Montesquieu appelait honneur ». En effet, le sentiment de la honte me paraît être le premier signe de la conscience morale de la race. La première et la plus dure punition infligée à l'humanité pour avoir mangé « du fruit de l'arbre défendu » ne fut pas, à mon avis, le souci de la naissance de l'enfant, ni les épines et les chardons, mais l'éveil du sentiment de la honte. Peu d'incidents dans l'histoire surpassent en pathétique la scène où la première mère, la poitrine oppressée et les doigts tremblants, enfonça sa grossière aiguille dans les quelques feuilles de figuier que son mari consterné avait cueillies pour elle. Cette première conséquence de la désobéissance nous étreint avec un acharnement sans égal. Toute l'ingéniosité ouvrière de l'homme n'a pas réussi à tisser la tunique sous laquelle puisse arriver à se voiler notre sentiment de la honte. Ce samourai avait raison qui, dans sa jeunesse, se refusa à laisser compromettre sa réputation par une humiliation légère « parce que, disait-il, le déshonneur est pareil à une cicatrice sur un arbre, que le temps, au lieu d'effacer, agrandit tous les jours ».

Bien des siècles avant Carlyle, et en des termes presque identiques aux siens, Mencius avait enseigné que « la honte est la terre où poussent toutes les vertus, les bonnes manières et les bonnes mœurs ».

Il est possible que les moyens d'expression de notre littérature aient une force d'éloquence inférieure à celle que Shakespeare a prêtée à Norfolk ; on peut dire pourtant que, chez nous, la peur du déshonneur était suspendue sur la tête de tout samourai comme l'épée de Damoclès, et que cette terreur revêtait souvent une forme morbide. A l'insulte la plus légère, voire à une insulte imaginaire, le bravache au caractère emporté voyait rouge ; il dégainait. Ainsi eut lieu plus d'un duel regrettable et fut tranchée plus d'une vie innocente. Témoin l'histoire de ce citoyen qui, sans aucune mauvaise intention, avait fait remarquer à un Bushi qu'une puce lui avait sauté sur le dos : séance tenante, l'homme fut coupé en deux, pour la simple et ridicule raison que, les puces étant des parasites qui vivent sur les animaux, c'était une insulte impardonnable que d'assimiler un noble guerrier à une bête. Mais est-ce que de telles histoires ne sont pas trop frivoles pour qu'on y croie? Il reste que la propagation des dites histoires implique trois choses : d'abord, qu'elles furent inventées pour impressionner le peuple ; ensuite, que le culte des samourai pour l'honneur donna lieu à des abus ; enfin, que le sentiment de la honte était très fortement développé chez eux. Il serait d'une aussi flagrante injustice de prendre texte d'un cas anormal pour jeter le blâme sur des préceptes, que de juger du véritable enseignement du Christ sur les fruits du fanatisme et des extravagances religieuses (l'inquisition par exemple) et sur ceux de l'hypocrisie. Mais, de même que dans une aberration religieuse, il y a, si on la compare au *delirium tremens* d'un ivrogne, quelque chose de noblement touchant, de même, dans l'excessive susceptibilité d'un samourai sur le point d'honneur, ne devons-nous pas reconnaître le substratum d'une vertu réelle ?

Les exagérations morbides auxquelles le code délicat de l'honneur inclinait à se porter, étaient fortement contrebalancées par les sermons sur la magnanimité et la patience. S'offenser d'une provocation légère était ridiculisé comme un manque « d'empire sur soi ». L'adage populaire disait : « Supportez ce que vous croyez ne pas pouvoir supporter : voilà qui s'appelle réellement supporter ». Le grand Iyéyasu a laissé à la postérité quelques maximes, entre autres celle-ci : « La vie de l'homme offre l'image de quelqu'un qui suit une route longue avec un lourd fardeau sur les épaules. Pas de hâte... Pas de reproches à autrui ; mais sois toujours attentif à tes propres erreurs... La patience est ce qui fait la longueur des jours ». Par sa vie, il a fait la preuve de ce qu'il avait prêché.

Un lettré prêta des épigrammes caractéristiques à trois personnages fameux de notre histoire ; à Nobunaga, il faisait dire : « Je tuerai le rossignol s'il ne chante pas en temps voulu » ; à Hidéyoshi : « Je le forcerai à chanter pour moi » ; et à Iyéyasu : « J'attendrai qu'il veuille bien ouvrir son bec ».

La patience et la longue endurance furent aussi hautement préconisées par Mencius. Il écrit quelque part à ce propos : « Que vous oubliiez toute retenue et que vous m'insultiez, que m'importe à moi ? Vous ne pouvez pas souiller mon âme par votre outrage ». Ailleurs il enseigne que se mettre en colère pour une mince offense est indigne d'un homme supérieur, mais que l'indignation pour une grande cause est un juste courroux.

Le degré de douceur pacifique et de passivité où pouvaient atteindre certains sectateurs de Bushido apparaît dans leurs maximes. Témoin cette parole de Ogawa : « Quand les autres disent toute sorte de mal de toi, ne rends pas le mal pour le mal, mais plutôt réfléchis que tu n'as pas été plus fidèle dans l'accomplissement de tes

devoirs ». En voici une autre de Kumazawa :
« Quand d'autres te blâment, ne les blâme
pas ; quand d'autres sont en colère contre
toi, ne le sois pas contre eux. La Joie ne
vient que lorsque la Passion et le Désir sont
partis ». Encore un autre exemple que
j'emprunterai à Saigo, sur le front olympien
duquel « La Honte aurait honte de se
poser » : « La route est la route du Ciel et de
la Terre ; l'affaire de l'homme est de la
suivre ; dès lors, que l'objet de ta vie soit de
révérer le Ciel. Le Ciel m'aime et aime les
autres d'un amour égal ; donc, avec le même
amour que tu t'aimes, aime les autres. Ne
fais pas de l'homme ton associé, mais du
Ciel : et faisant du Ciel ton associé, fais de
ton mieux. Ne condamne jamais les autres,
mais veille bien à leur donner ce qui leur
revient ». Quelques-unes de ces maximes
nous rappellent les exhortations chrétiennes,
et nous montrent à quel point, dans la
morale pratique, la religion naturelle peut
approcher de la révélation. Ces maximes
ne restèrent pas seulement des mots :

elles aboutirent réellement à des actes.

Il faut admettre qu'il fut donné à très peu d'hommes d'atteindre à cette sublime hauteur de magnanimité, de patience et de pardon. Il est très dommage que rien de clair et de général n'ait été exprimé sur ce qui constitue l'honneur ; seuls, quelques esprits éclairés sentaient bien « qu'il ne dépend d'aucune condition », mais qu'il réside en tous ceux qui accomplissent bien leur devoir ; rien en effet n'était plus facile aux jeunes gens que d'oublier, dans la chaleur de l'action, ce qu'ils avaient appris de Mencius en des heures plus calmes. Ce sage dit : « Il est dans la nature de tout homme d'aimer l'honneur, mais peu réfléchissent que le sentiment de ce qui est vraiment honorable réside en eux-mêmes et non ailleurs. L'honneur que les hommes confèrent n'est pas le véritable honneur. Châo le Grand peut abaisser ceux qu'il a ennoblis d'abord ». Chez la plupart, une insulte était vivement ressentie et punie par la mort, comme nous le verrons plus loin, tandis que l'honneur proprement dit (trop souvent rien de plus qu'une vaine gloriole ou l'approbation du monde) était estimé comme le *summum bonum* de l'existence terrestre. La gloire, et non la fortune ou le savoir, était le but pour lequel la jeunesse avait à lutter. Plus d'un jeune homme, en passant le seuil de la maison paternelle, se jurait à soi-même de n'y point rentrer qu'il ne se fût fait un nom dans le monde ; et plus d'une mère ambitieuse refusait de revoir ses fils, à moins qu'ils ne « revinssent au foyer », selon l'expression : « Vêtus de brocart ». Pour éviter la honte ou pour se faire un nom, les jeunes garçons samourai se soumettaient à n'importe quelles privations, subissaient les plus sévères épreuves de souffrances physiques ou morales. Ils savaient que l'honneur, quand on l'a acquis étant jeune, grandit avec l'âge. Durant le siège mémorable d'Osaka, un jeune fils de Iyéyasu, en dépit de ses ardentes supplications d'être mis à l'avant-garde, fut laissé à l'arrière de l'armée. Lorsque la forteresse fut emportée, il en fut tellement chagriné et pleura si amèrement, qu'un vieux précepteur essaya de le consoler par tous les moyens : « Prenez courage, Sire, dit-il, et pensez au long avenir que vous avez devant vous. Dans la longue période d'années qui vous restent à vivre, il ne manquera pas d'occasions de vous distinguer ». Le jeune homme fixa des yeux indignés sur son interlocuteur et dit : « Quelle sottise ! Et ma quatorzième année, est-ce qu'elle reviendra jamais ? » On faisait bon marché de la vie, si l'honneur et la réputation en étaient le prix. Dès lors, qu'une cause se présentât, jugée de plus de prix que la vie, avec quelle sérénité et promptitude on sacrifiait celle-ci !

Au nombre des causes en comparaison desquelles la vie ne méritait pas qu'on y tînt, était le devoir de fidélité, — clé de voûte qui faisait des vertus féodales une arche aux courbes pures.

CHAPITRE IX

LE DEVOIR DE FIDÉLITÉ

La moralité féodale a, avec d'autres systèmes d'éthique, avec d'autres classes du peuple, encore bien des vertus qui leur sont communes ; mais cette vertu — hommage et loyalisme à un supérieur — est son trait caractéristique. Je n'ignore pas que la fidélité personnelle est une adhésion morale qui existe chez les hommes de toute espèce et de toutes conditions (une bande de pickpockets, elle aussi, doit allégeance à un Fagin) ; mais c'est seulement dans le code de l'honneur chevaleresque que le loyalisme prend une importance souveraine.

LE DEVOIR DE FIDÉLITÉ

En dépit des critiques de Hegel[1] qui disait que la fidélité des vassaux féodaux, étant une obligation envers un individu et non envers une communauté, est un lien établi sur des principes totalement injustes, un de ses grands compatriotes s'est vanté que la fidélité personnelle fût une vertu allemande. Bismarck avait de bonnes raisons de parler ainsi, non que la *Treue* dont il se prévalait fût le privilège de sa patrie ou de toute autre nation ou race, mais parce que c'est dans les peuples où la féodalité avait duré le plus longtemps que le loyalisme, fruit favori de la chevalerie, était aussi demeuré le plus longtemps. En Amérique, — où « l'un vaut l'autre », et, comme ajoute l'Irlandais, « meilleur même », — des idées de fidélité aussi exaltées que celles que nous concevons quand c'est de notre souverain qu'il s'agit, peuvent être jugées « excellentes dans certaines limites », mais contraire au sens commun telles qu'on les encourage chez

1. *La philosophie de l'histoire.*

nous. Longtemps avant, Pascal s'était plaint
que ce qui était juste d'un côté des Pyrénées
fût faux de l'autre, et le procès Dreyfus a
prouvé la justesse de cette remarque, — sauf
que les Pyrénées n'ont pas été les seules
frontières par delà lesquelles on n'ait pas été
unanimement d'accord avec la justice française. Pareillement il se peut que le loyalisme, tel que nous l'entendons, ne trouve
ailleurs que peu d'admirateurs, non que
notre conception en soit fausse, mais parce
que j'ai grand'peur qu'ailleurs il ne soit
tombé en désuétude, et aussi parce que nous
le poussons à un degré qui n'est atteint dans
aucun autre pays. Griffis [1] a eu pleinement
raison de dire que, tandis qu'en Chine
l'éthique de Confucius faisait de l'obéissance
aux parents le premier des devoirs humains,
au Japon, la priorité était donnée au loyalisme. Au risque de choquer quelques-uns
de mes aimables lecteurs, je raconterai l'histoire de quelqu'un « qui eut le cœur de

1. *Religions du Japon.*

suivre un maître tombé en disgrâce », et qui ainsi, comme l'affirme Shakespeare, « mérita une place dans l'histoire ».

Cette histoire est celle de Michizané, un des plus grands caractères de nos annales, qui, victime de la jalousie et de la calomnie, fut exilé de la capitale. Non contents de cela, voici que ses infatigables ennemis décident l'extermination de sa famille. Des recherches minutieuses pour retrouver son fils, encore tout jeune, révèlent le secret de son existence dans une école de village tenue par un certain Genzo, ancien vassal de Michizané. Lorsque l'ordre de livrer la tête du jeune proscrit à jour fixé est dépêché au maître d'école, la première idée de celui-ci est de trouver un remplaçant convenable. Il étudie sa liste d'écoliers, scrute d'un œil attentif tous les garçons flânant dans la classe ; mais aucun des enfants, indigènes de la contrée même, ne présente la moindre ressemblance avec son protégé. Cependant son désespoir ne dure qu'un moment, car voici qu'un nouvel élève est annoncé : un beau garçon du même âge que le fils de son maître, et qu'escorte une mère de noble mine.

La mère et le garçon n'étaient pas moins conscients l'un que l'autre de la ressemblance existant entre l'enfant du seigneur et celui du féal. Dans l'intimité du foyer, la mère et l'enfant avaient, tous deux, mis sur l'autel : l'un sa vie, l'autre son cœur, et cela sans en faire part à personne. Sans qu'il sache ce qui s'est passé entre eux, c'est du maître que vient la suggestion.

Voici, donc, l'agneau du sacrifice... La suite de l'histoire peut être contée brièvement. Au jour fixé, arrive l'officier envoyé pour identifier et recevoir la tête de l'enfant. Sera-t-il dupe de la substitution ? La main sur la poignée de son épée, le pauvre Genzo est prêt à frapper l'homme ou à se frapper soi-même si, à l'examen, son stratagème est découvert. L'officier saisit le lugubre objet qu'on lui présente, examine posément chacun des traits, enfin, du même ton tranquille dont on eût traité une affaire, il déclare que c'est bien cela. — Ce soir-là, en un logis vide, attend cette mère que nous venons de voir à l'école. Connaît-elle le sort de son enfant ? Si elle épie si anxieusement la porte qui va s'ouvrir, ce n'est pas qu'elle compte sur le retour du petit. — Son beau-père avait été pendant longtemps un favori de Michizané et il avait reçu ses bontés ; mais, depuis le bannissement de ce dernier, les circonstances avaient forcé son mari à entrer au service de l'ennemi de l'ancien bienfaiteur. Lui-même, il ne pouvait pas manquer à la fidélité due à son cruel maître ; par contre, le petit-fils avait le droit de servir la cause de celui qui avait été le seigneur de son grand-père. Puisqu'il connaissait les membres de la famille du proscrit, c'est au propre père qu'avait incombé la tâche d'identifier la tête de l'enfant. Maintenant la dure tâche de ses jours — oui, celle même de sa vie — est accomplie : il rentre à la maison et lorsque, le seuil franchi, il aborde sa femme, c'est pour lui dire : « Réjouis-toi, femme, notre fils bien-aimé a prouvé son attachement à son seigneur. »

J'entends mes lecteurs s'écrier : « Quelle atroce histoire ! Des parents sacrifier délibérément la vie de leur enfant qui n'en pouvait mais, pour sauver l'enfant d'un autre homme ! » — Mais cet enfant était une victime consciente, volontaire : c'est là une histoire de mort par délégation aussi significative et nullement plus révoltante que le sacrifice résolu d'Isaac par Abraham. Dans les deux cas, il y eut obéissance à l'appel du devoir, soumission absolue aux ordres d'une voix d'en haut, qu'ils fussent donnés par un ange visible ou invisible, ou entendus par une oreille extérieure ou intérieure..... Mais je ne veux pas prêcher.

L'individualisme de l'Occident, qui reconnait la séparation des intérêts entre le père et le fils, entre le mari et la femme, met nécessairement en un relief très accentué les devoirs qu'ils se doivent l'un à l'autre ; mais Bushido soutient que l'intérêt de la famille et de ses membres est homogène, — un et inséparable. Cet intérêt forme un faisceau relié par l'affection — naturelle, instinctive, irrésistible ; si, dès lors, nous mourons pour quelqu'un que nous aimons d'un amour instinctif (que possèdent les animaux eux-mêmes) qu'est-ce cela ? « Car si vous aimez qui vous aime, quel mérite avez-vous ? Est-ce que les publicains mêmes ne le font pas ? »

Dans sa grande histoire, Sanyo raconte en termes touchants la lutte qui déchire le cœur de Shigemori lors de la rebellion de son père. « Si je suis loyal, mon père est perdu ; si j'obéis à mon père, je manque à mon devoir envers mon Souverain ». Pauvre Shigemori ! Nous le voyons, sitôt après, prier de toute son âme pour que le Ciel clément lui envoie la mort, et qu'il soit délivré de ce monde où il est difficile à la pureté et à la justice d'habiter.

Plus d'un Shigemori a eu le cœur torturé par le conflit entre le devoir et l'affection. Il est de fait que ni Shakespeare ni l'Ancien Testament ne contiennent une expression adéquate au terme *ko*, qui rend notre conception de la piété filiale ; et pourtant, dans de tels conflits, Bushido n'a jamais hésité à choisir le loyalisme. Les femmes elles-mêmes encourageaient leurs enfants à tout sacrifier au roi. Tout aussi résolument que la Veuve Windham et son illustre consort, la matrone samourai était prête à sacrifier ses fils pour la cause de la fidélité.

Depuis que Bushido, comme Aristote et quelques sociologues modernes, a conçu l'Etat comme ancêtre par rapport à l'individu, — celui-ci procédant de celui-là comme un fragment en faisant partie, — l'individu doit vivre et mourir pour l'Etat ou pour le dépositaire de l'autorité légitime de l'Etat. Les lecteurs de Criton n'ont pas oublié l'argument au moyen duquel Socrate représente que les lois de la cité tiennent le même langage que lui au sujet de son évasion. Il leur fait dire entre autres (aux Lois ou à l'Etat) : « Puisque tu fus engendré, éduqué, nourri par nous, ose donc dire un jour que tu n'es pas notre progéniture et notre serviteur, toi, et tes pères avant toi ? » Voilà

des mots qui ne nous font nullement l'effet
d'être quelque chose d'extraordinaire ; car ils
sont depuis longtemps sortis de la bouche
de Bushido avec cette différence que, chez
nous, les lois et l'Etat s'incarnent en un
être vivant. La fidélité est une résultante
éthique de cette théorie politique.

Je ne suis pas entièrement ignorant des
vues de Spencer, selon lesquelles il ne convient de faire crédit à l'obéissance politique
(au loyalisme) qu'en tant seulement que
fonction transitoire [1]. C'est possible. A
chaque jour suffit sa vertu ! Nous pouvons
nous plaire à le redire, surtout si nous
croyons que *ce* jour est un long espace de
temps, durant lequel, comme le dit notre
hymne national, « les petits cailloux deviennent de gros rocs couverts de mousse ».

Nous pourrons nous rappeler à ce propos
que, même chez un peuple aussi démocratique que les Anglais, « le sentiment de
fidélité personnelle à un homme et à sa pos-

---

1. *Principes d'Ethique*, vol. I, part. II, chap. X.

térité (sentiment que les ancêtres germains de ce peuple vouaient à leurs chefs) a, comme l'a dit M. Boutmy, simplement passé plus ou moins dans leur profond loyalisme envers la race et le sang de leurs princes, comme en témoigne leur extraordinaire attachement à la dynastie ».

Spencer prédisait que la subordination politique ferait place au fait d'être fidèle aux injonctions de la conscience. Si l'on suppose réalisée son induction, est-ce que la fidélité — et l'instinct de respect qui l'accompagne — pourront jamais disparaître ? Nous transférons notre allégeance d'un maître à l'autre, sans être infidèles à aucun ; car, après avoir été les sujets d'un maître qui tenait le sceptre temporel, nous devenons les serviteurs d'un monarque qui trône dans le sanctuaire de nos cœurs. Il y a quelques années, une controverse absurde, soulevée par les disciples égarés de Spencer, causa des ravages dans la classe éclairée du Japon. Dans leur zèle à soutenir les prétentions du trône à une fidélité sans partage, ils accusèrent les chrétiens de tendances de lèse-majesté en ce qu'ils confessaient leur fidélité à leur Dieu et Maître. Ils faisaient un grand étalage d'arguments sophistiques sans la subtilité des sophistes, et de roueries scolastiques, sans les finesses de l'Ecole. Ils ne se rendaient pas compte qu'il est en un sens possible de « servir deux maîtres, sans tenir à l'un aux dépens de l'autre », « rendant à César ce qui est à César, et à Dieu ce qui est à Dieu. » Est-ce que Socrate, tout le temps qu'il se refusait inflexiblement à céder à son *démon* un iota de sa fidélité, n'a pas obéi fidèlement et d'une âme égale aux injonctions de son maître terrestre : l'Etat ? A sa conscience, il obéit tant qu'il vécut : son pays, il le servit, en mourant. Jour de deuil celui où la puissance d'un Etat s'est hypertrophiée au point de demander à ses citoyens de lui sacrifier les règles de leur conscience !

Le Bushido n'exige pas que nous rendions notre conscience l'esclave de n'importe quel maître ou roi. Thomas Mowbray fut vraiment notre porte-parole, lorsqu'il dit :

LE BUSHIDO

« Je me jette à tes pieds redoutable souverain.
Ma vie, tu peux en disposer, mais non de mon
[honneur.
L'une mon devoir la doit ; mais mon nom sans
[tache,
Pour qu'il vive malgré la mort, sur ma tombe,
Tu ne l'auras pas pour le ternir dans le déshon-
[neur.

Un homme qui sacrifiait sa conscience à la volonté capricieuse, aux lubies, aux fantaisies d'un souverain, était tenu en piètre estime dans les Préceptes. Il était méprisé comme *nei-shin*, comme un être rampant qui fait sa cour par de peu scrupuleuses flagorneries, ou comme *chô-shin*, comme un favori qui vole l'affection de son Maître par de serviles complaisances. Ces deux espèces de citoyens correspondent exactement à ceux que décrit Iago : l'un valet servile et plat, chérissant sa servitude obséquieuse, passant son temps exactement comme l'âne de son maître ; l'autre prenant les façons et le masque du devoir, alors qu'au fond il ne songe qu'à soi seul. Lorsqu'un sujet différait d'opinion avec son maître, le procédé loyal était pour lui d'employer tous les moyens possibles pour le persuader de son erreur, comme Kent le fit vis-à-vis du roi Lear. En cas d'échec, que le maître en usât avec lui comme il voudrait. Dans les cas de ce genre, il était d'usage courant que le samourai fît un dernier appel à l'intelligence et à la conscience de son seigneur et attestât la sincérité de ses paroles en versant son propre sang.

La vie étant regardée comme le moyen par lequel on servait son maître, et l'idéal de la vie consistant en l'honneur, toute l'éducation et tout le dressage d'un samourai obéissaient à ces principes directeurs.

CHAPITRE X

L'ÉDUCATION ET LE DRESSAGE
D'UN SAMOURAI

Le premier point à observer dans la pédagogie de la chevalerie était de former le caractère en laissant dans l'ombre les facultés plus artificieuses de prudence, d'intelligence et de dialectique. Nous avons vu le rôle important que jouait la culture esthétique dans l'éducation du samourai. Pour indispensable que fussent ces talents à un homme cultivé, ils étaient plutôt l'accessoire que l'essentiel dans son éducation. La supériorité intellectuelle était, certes, estimée ; mais le mot *Chi* qui était employé pour désigner l'intellectualité, voulait dire, en premier lieu, sagesse, et n'accordait à la science qu'une place très subordonnée. Le trépied qui supportait la charpente de Bushido fut appelé *Chi, Jin, Yu*, respectivement : Sagesse, Bonté, Courage. Un samourai était essentiellement un homme d'action. La science était en dehors des sphères de son activité. Il n'en tirait profit qu'en ce qui concernait sa profession des armes. La religion et la théologie furent laissées aux prêtres : le samourai n'y faisait appel que comme à une aide pour sustenter son courage. De même qu'un poète anglais, le samourai croyait que « ce n'est pas la foi qui sauve l'homme, mais que c'est l'homme qui justifie la foi ». La philosophie et la littérature formaient la plus grande part de son éducation intellectuelle ; mais, même quand il s'adonnait à cette culture, ce n'était pas la vérité objective qu'il recherchait d'abord : l'étude de la littérature était surtout pratiquée comme passe-temps, et la philosophie comme aide pratique dans la formation du caractère, sinon comme méthode pour l'exposé d'un problème militaire ou politique.

D'après ce qui précède, on ne sera pas surpris que le programme d'études, conformément aux enseignements du Bushido, consistât principalement dans les matières suivantes : escrime, tir à l'arc, *jiujutsu* [1] ou *yawara*, équitation, maniement de la lance, tactique, calligraphie, éthique, littérature et histoire. Le *jiujutsu* et la calligraphie demandent quelques mots d'explication. On accordait une grande importance à une bonne écriture, probablement à cause de nos caractères idéographiques, qui, tenant de l'image, possèdent une valeur artistique, et aussi parce que la façon dont la main trace les signes était regardée comme une indication du caractère. Quant au *jiujutsu*, il peut être défini brièvement comme une application de la connaissance de l'anatomie à l'attaque ou à la défense. Il diffère de la lutte corps

---

1. Le même mot que *jiu-jitsu* qui, ainsi, est mal orthographié. C'est un art d'agrément. On « n'y emploie point d'arme ».

à corps en ce qu'il ne dépend pas de la force musculaire. Il diffère des autres formes de lutte en ce qu'on ne s'y sert pas d'arme. L'adresse consiste à saisir ou à frapper une partie telle du corps de l'adversaire, qu'il en résulte un engourdissement rendant celui-ci incapable de résistance. Son but n'est pas de tuer, mais d'enlever à quelqu'un les moyens de remuer pour un temps.

Une matière d'étude que l'on aurait voulu trouver dans l'éducation militaire et qu'on est plutôt surpris de voir absente du programme d'instruction de Bushido, ce sont les mathématiques. Cela peut toutefois s'expliquer aisément par le fait que les guerres féodales n'étaient pas conduites avec une rigueur scientifique. Indépendamment de cela, le dressage du samourai n'était, dans son ensemble, nullement propice à développer les notions de nombres.

La chevalerie est anti-économique : elle se glorifie de sa misère. Elle dit avec Ventidius que « l'ambition, vertu du soldat, préfère la perte à un gain qui risquât de ternir son renom ». Don Quichotte fait plus de cas de sa lance rouillée et de son cheval étique que de l'or et des terres, et un samourai est en sympathie de cœur avec son outré confrère de la Manche. Le samourai dédaigne l'argent en lui-même et l'art d'en gagner ou de thésauriser. Le lucre représentait pour lui quelque chose de réellement ignominieux. L'expression usitée pour décrire la décadence d'une époque était « que les civilisés y aiment l'argent et que les soldats y craignent la mort ». Être avare de son or et de sa vie excitait autant le blâme que, d'en être prodigue, appelait la louange. « Moins que toute chose, dit un proverbe courant, l'homme doit regretter l'argent : c'est par les richesses que la sagesse est étouffée ». C'est pourquoi les enfants étaient élevés dans un mépris absolu de l'économie. On regardait comme une faute de goût d'en parler, et l'ignorance de la valeur des différentes monnaies était le signe d'une bonne éducation. La connaissance des nombres était indispensable dans le dénombrement des effectifs, comme dans la distribution des bénéfices et des fiefs ; mais de compter la monnaie, cela était laissé aux petites gens. Dans beaucoup de provinces feudataires, les finances publiques étaient administrées par un samourai de petite naissance ou par des prêtres. Tout bushi intelligent savait fort bien que l'argent était le nerf de la guerre ; mais jamais l'idée ne lui fût venue de mettre l'estime de l'argent au rang d'une vertu. Il est vrai que l'économie était prescrite par Bushido, mais non tant comme moyen d'amasser que comme entraînement aux privations. Le luxe était considéré comme le plus grand ennemi de la virilité, et la simplicité la plus sévère dans la manière de vivre était exigée de la classe guerrière : des lois somptuaires étaient en vigueur dans beaucoup de clans.

Nous lisons que, dans l'ancienne Rome, les fermiers du fisc et autres agents financiers furent graduellement élevés au rang de chevaliers, l'État montrant par là qu'il appréciait leurs services et quelle importance il attachait à l'argent lui-même. L'étroite relation qu'il y a entre ce fait et le luxe et l'avarice des Romains, il est aisé dès lors de l'imaginer. Rien de pareil avec les Préceptes de la Chevalerie. Elle persista à regarder systématiquement la finance comme quelque chose de bas, — de bas comparativement aux professions morales et intellectuelles.

Attentif comme il l'était à ignorer l'argent et l'amour de l'argent, Bushido pouvait rester lui-même longtemps préservé des mille et une calamités dont l'argent est la source. Cela suffit à expliquer le fait que nos hommes d'État soient restés si longtemps préservés de la corruption ; mais, hélas ! quel chemin rapide est en train de faire la ploutocratie dans notre époque et dans notre génération !

A l'étude des mathématiques, — qui de nos jours est regardée comme une aide de premier ordre pour la discipline de l'esprit, — on suppléait par l'exégèse littéraire et par les dissertations déontologiques. Très peu de sujets abstraits fatiguaient l'esprit de la jeunesse, et le principal objet de l'éducation était, comme je l'ai dit, la décision du caractère. Les gens dont l'esprit était uniquement encombré de choses apprises ne trouvaient pas beaucoup d'admirateurs. Des trois genres d'avantages que Bacon attribue aux études : recherche d'un plaisir, pratique des arts, science de la vie, Bushido avait une préférence marquée pour cette dernière qui trouvait emploi « dans le jugement et dans l'organisation des affaires ». Que ce fût pour l'organisation des affaires publiques ou pour l'exercice du contrôle de soi-même, c'était en vue de fins pratiques que l'éducation était conduite : « Apprendre sans penser, disait Confucius, est peine perdue ; penser sans apprendre est périlleux ».

Lorsque c'est le caractère et non pas l'intelligence, lorsque c'est l'âme et non pas le cerveau qu'un maître choisit comme matière à cultiver et à développer, sa profession revêt un caractère sacré. « Ce sont mes parents qui m'ont mis au monde : c'est le maître qui m'a fait homme ». C'est en vertu de cette conception que le précepteur était tenu en très haute estime. Pour qu'un homme soit capable d'inspirer une telle confiance et un tel respect à la jeunesse, il faut nécessairement qu'il soit doué d'une personnalité supérieure, sans d'ailleurs manquer d'érudition. Le maître était un père pour l'orphelin et un conseiller pour l'égaré. « Ton père et ta mère, dit une de nos maximes, sont comme le ciel et la terre ; ton professeur et ton seigneur, comme le soleil et la lune. »

Le système actuel de rémunérer tous les genres de services n'était pas en honneur parmi les adeptes du Bushido. Celui-ci estimait qu'il est tel service qu'on ne saurait payer par de l'argent et par une rétribution. Le service d'ordre spirituel, qu'il vînt d'un prêtre ou d'un professeur, ne devait pas être payé par de l'or ou de l'argent, non qu'il fût sans valeur, mais parce qu'il était inestimable. Ici, le sentiment de l'honneur —

instinctif et non-arithmétique — du Bushido enseigna une leçon plus vraie que ne fait l'Economie Politique moderne ; car des gages et des salaires ne peuvent être payés que pour des services dont les résultats sont définis, tangibles et mesurables ; tandis que le meilleur service accompli dans l'éducation, à savoir : le développement de l'âme (et ceci comprend le service du prêtre), n'est ni défini, ni tangible, ni mesurable. Ce service ne pouvant être mesuré, l'argent, mesure visible de la valeur, est d'un emploi inadéquat. L'usage autorisait les élèves à apporter à leurs maîtres de l'argent ou des marchandises à différentes saisons de l'année ; mais c'étaient là des offrandes et non un paiement, offrandes qui étaient d'ailleurs les bienvenues pour les bénéficiaires, généralement hommes de caractère austère, glorieux de leur pauvreté honorable, trop qualifiés pour travailler de leurs mains et trop fiers pour mendier. Ils étaient l'auguste personnification des hauts esprits que l'adversité ne saurait abattre. Ils étaient une incarnation de ce qui était considéré comme la fin de tout savoir, et, ainsi, un vivant exemple de cette discipline des disciplines : le contrôle de soi-même, qui était universellement requis d'un samourai.

CHAPITRE XI

LE CONTRÔLE DE SOI

D'un côté, discipline de la force d'âme ; de l'autre, enseignement de la politesse nous invitant à épargner aux autres le spectacle de notre tristesse et de nos souffrances pour ne pas gâter leur plaisir ou troubler leur sérénité : ces deux éléments se combinent : d'une part, pour engendrer dans l'individu un état d'âme stoïque ; et, d'autre part, pour se préciser, avec le temps, en un trait de caractère commun à la nation : un stoïcisme apparent. Je dis stoïcisme apparent, parce que je ne crois pas que le stoïcisme véritable puisse jamais devenir la caractéristique de toute une nation, et aussi parce que quelques-unes de nos manières et coutumes peuvent sembler de la dureté de cœur à un observateur étranger. Et pourtant nous sommes aussi accessibles aux émotions tendres que n'importe quelle autre race sous les cieux.

Je suis enclin à penser que, dans un sens, nous devons sentir plus que d'autres — oui, doublement, puisque l'effort réel que nous devons faire pour dominer nos émotions nous apporte une douleur supplémentaire. Imaginez des garçons — des filles pareillement — élevés à retenir les larmes et à étouffer les plaintes qui soulageraient leurs peines : le problème physiologique est de savoir si de pareils efforts rendent leurs nerfs plus forts, ou s'ils les rendent plus impressionnables.

Pour un samourai, de laisser ses émotions se trahir sur son visage était considéré comme un manque de virilité. « Il ne montre aucun signe de joie ou de colère » était la phrase usitée pour dépeindre un grand caractère. On se devait de dominer ses affections les plus naturelles. Si un père embrassait son fils, c'était aux dépens de sa propre dignité ; un mari n'aurait jamais consenti à embrasser sa femme en présence d'autres personnes, — quelque volontiers qu'il l'eût fait dans l'intimité. Il y a peut-être quelque vérité dans la remarque que faisait un jeune homme sarcastique : « Les maris américains embrassent leurs femmes en public et les battent dans le privé ; les maris japonais les battent en public et les embrassent dans le privé ».

Le calme dans la manière d'être, l'égalité de l'âme ne devaient être troublés par des passions d'aucune sorte. Lors de la dernière guerre avec la Chine, je me rappelle que, quand un régiment quitta certaine ville, une foule très nombreuse se pressait à la gare pour dire adieu au Général et à son armée. A cette occasion, un Américain en séjour se rendit à cet endroit, s'attendant à être témoin de bruyantes démonstrations. Une émotion profonde étreignait le cœur de la nation entière ; et il y avait dans cette foule des pères, des mères, des épouses et des amantes des soldats. L'Américain fut étrangement désappointé ; car, lorsque le sifflet retentit et que le train s'ébranla, des milliers de gens enlevèrent silencieusement leurs coiffures, et les têtes se courbèrent en un salut cérémonieux. Pas de mouchoirs agités, pas un mot prononcé, rien qu'un silence profond, dans lequel une oreille attentive aurait pu seulement surprendre quelques sanglots entrecoupés. Dans la vie domestique, pareillement, je connais l'histoire d'un père qui passa des nuits entières derrière la porte à écouter la respiration de son enfant malade : il ne voulait pas être surpris dans cet acte de faiblesse paternelle. Je connais celle d'une mère qui, à ses derniers moments, s'abstint d'envoyer chercher son fils pour qu'il ne fût pas dérangé dans ses études. Notre histoire et notre vie de tous les jours sont remplies d'exemples de matrones héroïques qui peuvent être comparées à certaines de celles dont parlent les pages les plus émouvantes de Plutarque.

LE CONTROLE DE SOI

C'est à cette même discipline de la maîtrise de soi qu'il faut attribuer la rareté des grands élans religieux dans les églises chrétiennes du Japon. Lorsqu'un homme ou une femme sentent leur âme agitée, le premier mouvement instinctif est d'en supprimer pudiquement la manifestation. Ce n'est que dans de rares circonstances et sous l'irrésistible impulsion de l'esprit que notre langue se délie : quand la sincérité et la ferveur nous rendent éloquents. C'est pousser à enfreindre le troisième commandement que d'encourager à parler légèrement des choses spirituelles. Il est extrêmement pénible à des oreilles japonaises d'entendre les mots les plus sacrés, la vie la plus secrète du cœur étalés devant n'importe qui. « Sens-tu le tréfonds de ton âme remué par de tendres pensées ? C'est le moment où la semence germe. Ne la dérange pas en parlant ; mais laisse l'œuvre s'accomplir tranquillement dans le calme et le secret », écrit un jeune samourai dans son journal.

Exprimer avec un tel luxe de mots ses

pensées et ses sentiments les plus intimes, — en particulier les religieux — est considéré chez nous comme un signe infaillible que ces sentiments ne sont ni très profonds ni très sincères. « Celui-là n'est qu'une grenade, dit un proverbe japonais populaire, qui, dès qu'il ouvre la bouche, étale ce qu'il a dans le cœur. »

Ce n'est nullement perversité chez les esprits orientaux si, dans le moment que les émotions nous étreignent, nous nous efforçons de garder le silence pour les cacher. La parole est très souvent pour nous, comme la définit le Français : « l'art de dissimuler sa pensée ».

Allez faire visite à un ami japonais à un moment où il a quelque profond chagrin : il vous recevra invariablement en riant, les yeux rougis ou les joues humides. Au premier moment, vous le prendrez pour un déséquilibré. Pressez-le de questions : vous ne tirerez de lui que des lambeaux de lieux communs : « La vie humaine a ses soucis » ; « ceux qui se sont liés doivent se quitter » ;

« quiconque est né doit mourir » ; « c'est folie de gémir sur les jours jadis passés avec un enfant qu'on a perdu, mais, n'est-ce pas, le cœur d'une femme se laisse aller à des folies » ; et ainsi de suite. C'est ainsi que les nobles paroles allemandes : « Lerne zu leiden ohne klagen » (apprends à souffrir sans te plaindre) avaient trouvé chez nous beaucoup d'écho dans les esprits, longtemps avant qu'elles eussent été prononcées.

A la vérité, les Japonais ont recours à la gaieté, chaque fois que les faiblesses de la nature humaine sont mises à cruelle épreuve. Je pense que nous possédons de meilleures raisons que Démocrite lui-même pour justifier nos tendances Abdéritaines, car, chez nous, le rire dissimule le plus souvent un effort pour rétablir l'équilibre de notre humeur rompu par des circonstances fâcheuses. C'est un contre-poids à la douleur et à la colère.

La répression des sentiments étant ainsi exigée avec une ferme persévérance, ceux-ci trouvent leur soupape de sûreté dans des aphorismes poétiques. Un poète du x⁰ siècle écrit : « Au Japon aussi bien qu'en Chine, l'humanité, lorsqu'elle est touchée par la douleur, exprime en vers sa peine amère ». Pour tâcher de consoler son cœur brisé, une mère se force à imaginer que son enfant — mort — est parti, comme il en avait l'habitude, à la chasse aux libellules, et elle murmure :

« Jusqu'où, dans sa chasse, aujourd'hui, je me
[le demande,
Sera allé mon petit chasseur de libellules ? »

Je m'abstiendrai de citer d'autres exemples, car je sais que je risquerais de gâter les perles fines de notre littérature, si j'essayais de rendre dans une langue étrangère les pensées qui, goutte à goutte, tombaient des cœurs saignants, et qui ont composé un collier de grand prix. J'espère avoir, dans une certaine mesure, réussi à faire voir ce travail intérieur de nos esprits, qui souvent offrent l'apparence de l'insensibilité ou celle d'un mélange maladif de rire et d'abattement, et dont le sain équilibre pourrait ainsi être mis en doute.

On a aussi suggéré que notre endurance pour la douleur et notre indifférence en face de la mort étaient dues à des nerfs moins sensibles. C'est possible au pied de la lettre. Mais la question qu'il y aurait à poser ensuite est : pourquoi nos nerfs sont-ils moins fortement tendus ? Peut-être que notre climat n'est pas aussi stimulant que celui d'Amérique ? Peut-être que notre forme monarchique de gouvernement ne nous excite pas autant que la République fait le Français ? Peut-être que nous ne lisons pas *Sartor Resartus* avec autant de zèle que l'Anglais ? Personnellement, je crois que c'est notre grande excitabilité et notre grande sensibilité qui rendirent nécessaire d'étudier et de fortifier la constante maîtrise de soi ; mais, quelque explication qu'on propose, aucune ne saurait être exacte, si l'on ne tient pas compte de longues années de discipline dans le contrôle de soi-même.

La discipline dans le contrôle de soi-

même peut facilement tomber dans l'exa-
gération. Elle peut facilement faire barrage
au courant naturel de l'âme. Elle peut fausser
des natures malléables et les estropier,
produire des monstruosités. Elle peut engendrer la bigoterie, produire l'hypocrisie ou
paralyser les affections. Si noble que soit
une vertu, elle a toujours sa contre-partie et
sa contre-façon. Dans chaque vertu, il faut
savoir discerner ce que son excellence a de
positif, et poursuivre l'objet positif de son
idéal ; et l'idéal de la maîtrise de soi c'est,
comme nous disons, de garder l'équilibre de
l'esprit, ou, pour emprunter un terme grec,
d'atteindre à l'état *d'euthymie,* que Démocrite
appelait le plus précieux des biens.

Le contrôle de soi-même atteint son
maximum et son apogée, et il ne saurait être
mieux illustré que dans la première des deux
institutions que nous allons maintenant
étudier, savoir : les institutions du suicide
et de la réparation des torts.

CHAPITRE XII

LES INSTITUTIONS DU SUICIDE
ET DE LA RÉPARATION DES TORTS

Sur ces deux institutions (la première connue sous le nom de *hara-kiri* et la seconde sous celui de *kataki-uchi*), plusieurs écrivains étrangers ont écrit avec plus ou moins de détails. Pour commencer par le suicide, je dois dire que je bornerai mes observations au seul *seppuku* ou *kappuku*, connu sous le nom populaire de *hara-kiri*, qui signifie immolation de soi-même en s'ouvrant les entrailles. — « S'ouvrir l'abdomen ? Quelle absurdité ! » — telle est l'exclamation de ceux pour qui ce nom est nouveau. Si absurdement baroque que ce

terme puisse d'abord paraître à des oreilles
étrangères, il n'a pas de quoi paraître si
étranger aux familiers des œuvres de Shakespeare, qui mit ces paroles dans la bouche
de Brutus : « Ton esprit (de César) rôde
autour de nous et enfonce nos épées dans
nos propres entrailles ». Ecoutez un poète
anglais moderne qui, dans sa *Lumière d'Asie*,
parle d'une épée perçant les entrailles d'une
reine : personne ne le blâme d'écrire mal
l'anglais ou de manquer aux convenances.
Ou, pour prendre encore un autre exemple,
regardez le tableau de Guercino, *La Mort de
Caton*, dans le Palais Rossa à Gênes. Aucun
de ceux qui ont lu le chant du Cygne qu'Addi-
son fait chanter à Caton ne se moquera de
l'épée à moitié plongée dans l'abdomen de
celui-ci. Dans nos esprits, ce genre de mort
s'associe aux exemples des plus nobles
exploits et du pathétique le plus émouvant,
de sorte que rien de répugnant, encore
moins de ridicule, ne nous en gâte la conception. Si merveilleux est le pouvoir de
transfiguration de la vertu, de la grandeur,

de la tendresse, que le genre de mort le plus vil revêt une sublimité et devient le symbole d'une vie nouvelle : autrement, le signe qu'aperçut Constantin n'aurait pas conquis le monde.

Ce n'est pas seulement à cause des idées extrinsèques que nous y associons que *seppuku* dépouille dans notre esprit tout aspect d'absurdité ; car le choix de cette partie spéciale du corps pour une telle opération était basée sur une ancienne croyance anatomique, relative au siège de l'âme et des affections. Lorsque Moïse écrivait de Joseph : « Ses entrailles soupiraient après son frère » ; ou quand David priait le Seigneur de ne pas oublier ses entrailles ; ou quand Isaïe, Jérémie et autres inspirés de l'antiquité parlaient de la « résonance » ou du « trouble » des entrailles, chacun d'entre eux adoptait la croyance qui prévalut parmi les Japonais : que l'abdomen renfermait l'âme. Les Sémites parlaient habituellement du foie et des reins ainsi que de la graisse qui les entoure comme étant le siège des émotions et de la vie. Le terme « *hara* » était bien plus compréhensible que le mot grec *phren* ou *thumos*, et les Japonais comme les Hellènes supposaient que l'esprit de l'homme habitait quelque part dans cette région. Cette notion n'est pas du tout spéciale aux peuples de l'antiquité. Les Français, malgré la théorie mise en avant par un de leurs plus éminents philosophes, Descartes, à savoir que l'âme est localisée dans la glande pinéale, maintiennent cependant au terme *ventre* un sens qui, s'il est très vague au point de vue anatomique, est néanmoins significatif au point de vue physiologique. Pareillement, *entrailles* peut, dans leur langue, être pris pour « affection » et « compassion ». Plus scientifique que l'idée courante qui fait du cœur le centre des sentiments, une telle croyance n'est pas non plus une simple superstition. Sans avoir besoin de questionner un moine, le Japonais sut mieux que Roméo « dans quelle vile partie de l'anatomie le moi était logé ». Les neurologues modernes parlent du cerveau abdominal et pelvien, désignant par là les centres nerveux sympathiques qui, dans ces régions, sont fortement affectés par les phénomènes psychiques. Cette notion de psychologie physiologique une fois acceptée, le syllogisme de *seppuku* est facile à construire. « J'ouvrirai la demeure de mon âme et vous la ferai voir telle qu'elle est. Voyez vous-même si elle est souillée ou pure ».

Je ne voudrais pas passer ici pour soutenir la justification religieuse ou même morale du suicide, mais la haute estime où était tenu l'honneur excusait amplement, pour beaucoup, le fait de s'ôter la vie. Combien acquiesçaient aux sentiments exprimés par Garth :

« Quand l'honneur est perdu, c'est un soulage-
[ment de mourir ;
La mort est la seule retraite sûre contre l'infa-
[mie » ;

et ils rendaient en souriant leur âme à l'oubli.

Quand la mort était liée à la question

d'honneur, elle était accueillie par Bushido comme la clef de beaucoup de problèmes complexes ; ce qui faisait que, pour un samouraï ambitieux, une mort naturelle semblait une chose presque plate et une fin qu'il ne fallait pas souhaiter religieusement. J'ose dire que beaucoup de bons chrétiens, s'ils sont francs, confesseront la fascination — si non l'admiration réelle — que leur inspire le détachement sublime avec lequel Caton, Brutus, Pétrone et une foule d'autres hommes illustres des temps anciens mirent fin à leur existence terrestre. Est-il téméraire d'insinuer que la mort du plus grand des philosophes fut presque un suicide ? Ses disciples nous ont raconté avec des détails si précis la façon volontaire dont leur maître, — en dépit de la faculté qu'il avait de se sauver, — se soumit au décret de l'État (qui, il le savait, était moralement inique), et comment il prit en mains la coupe de ciguë, offrant même en libation son mortel contenu, qu'il est difficile de ne pas démêler dans toutes ces circonstances et dans cette conduite un acte d'immolation de soi-même. Ici, nulle contrainte physique, comme dans les exécutions ordinaires. A la vérité, le verdict des juges était impératif; il disait : « Tu mourras et cela de ta propre main ». Si suicide veut dire expressément et seulement mourir de sa propre main, la mort de Socrate fut manifestement un cas de suicide. Mais personne ne l'a jamais chargé du crime : Platon qui connaissait les faits, n'a nulle part appelé son maître : un suicidé.

Maintenant, mes lecteurs comprendront que *seppuku* n'était pas une simple pratique de suicide. C'était une institution légale et rituelle. Invention du Moyen-Age, c'était une pratique grâce à laquelle les guerriers pouvaient expier leurs crimes, s'excuser de leurs erreurs, échapper au déshonneur, racheter leurs amis, ou prouver leur sincérité. Lorsque ordonné comme punition légale, il était pratiqué en grande cérémonie. C'était une épuration de l'acte de se détruire et personne n'eût pu l'accomplir sans le plus grand sang-froid et sans commander à tout son être ; et, pour ces raisons, il convenait particulièrement à la profession de bushi.

Ne serait-ce que par curiosité d'antiquaire, je serais assez tenté de donner ici une description de cette cérémonie désuète ; mais, comme cette description a été faite déjà par un écrivain beaucoup plus capable, dont le livre il est vrai n'est plus très lu de nos jours, la tentation à laquelle je céderai, ce sera de faire une assez longue citation du dit récit. Mitford, dans ses *Contes de l'Ancien Japon*, après avoir donné une traduction d'un traité sur le *seppuku* d'après un manuscrit japonais rare, en vient à décrire une exécution dont il avait été le témoin oculaire.

« Nous (sept représentants étrangers) fûmes invités à suivre les témoins japonais dans le *hondo* (hall principal du temple) où la cérémonie devait avoir lieu. La mise en scène était imposante. Un large hall dont le toit élevé était supporté par des piliers en bois noir. Du plafond, descendaient une profusion de ces énormes lampes dorées et de ces ornements particuliers aux temples bouddhiques.

INSTITUTION DU SUICIDE

Devant le maître-autel, à l'endroit où le plancher, couvert de superbes nattes blanches, est surélevé de trois ou quatre pouces, était étendu un tapis de feutre rouge. De grands cierges, placés à intervalles réguliers, répandaient une pâle lueur mystérieuse, juste suffisante pour qu'on pût voir la scène. Les sept Japonais prirent place à gauche du plancher surélevé, les sept étrangers à droite. Aucune autre personne n'était présente.

« Après quelques minutes d'attente angoissante, Taki Zenzaburo, un homme robuste âgé de trente-deux ans, à l'air noble, entra dans le hall, revêtu de son costume de cérémonie, avec les ailes spéciales en toile de lin qui se portent dans les grandes circonstances. Il était accompagné par un *kaishaku* et par trois officiers qui portaient le *jimbaori*, ou surtout de guerre avec parements tissés d'or. Je dois faire observer que le mot *kaishaku* n'est pas l'équivalent de notre terme bourreau. L'office est celui d'un gentleman ; en beaucoup de cas, il est rempli par un parent ou un ami du condamné ; et le rapport qu'il y a entre eux est plutôt celui du champion à son second que d'une victime à son exécuteur. Dans le cas présent, le *kaishaku* était un élève de Taki Zenzaburo ; il avait été choisi par et parmi les amis de ce dernier pour son adresse en escrime.

« Ayant à sa gauche le *kaishaku*, Taki Zenzaburo s'avança lentement vers les témoins japonais, et tous s'inclinèrent devant eux ; puis s'approchant des étrangers, ils nous saluèrent de la même façon, avec peut-être plus de déférence encore ; chaque fois le salut fut cérémonieusement rendu. Lentement et avec une grande dignité, le condamné monta sur le plancher surélevé, se prosterna deux fois devant l'autel, puis s'assit [1] sur le tapis de feutre, le dos tourné à l'autel. Le *kaishaku* s'accroupit à sa gauche. Un des trois officiers de la suite s'avança alors, portant une table du genre de celles employées dans le temple pour les offrandes, et sur laquelle, enveloppé de papier, reposait le *wakizashi*, courte épée ou dague japonaise, longue de neuf pouces et demi, ayant une pointe et un tranchant aussi effilés qu'un rasoir. Il la présenta, en se prosternant, au condamné qui la reçut respectueusement, qui l'éleva au-dessus de sa tête avec ses deux mains, et la plaça ensuite devant lui.

« Après une autre profonde révérence, Taki Zenzaburo, d'une voix qui trahissait tout juste l'émotion et l'hésitation qu'on pouvait attendre d'un homme faisant une pénible confession, mais

---

1. « S'assit », c'est-à-dire, à la manière japonaise, les genoux et le bout des pieds touchant le sol, le corps reposant sur les talons. Dans cette position, qui est celle du respect, il demeura jusqu'à la mort.

sans aucun signe de l'une ou de l'autre sur son visage ou dans ses gestes, parla comme suit :

« Moi, et moi seul, injustement ai donné l'ordre de tirer sur les étrangers à Kobé, et l'ai réitéré quand ils tentaient de s'échapper. Pour ce crime, je m'ouvre le ventre et je vous demande, à vous qui êtes présents, de me faire l'honneur d'être témoins de l'acte. »

« Saluant encore une fois, celui qui parlait fit glisser ses vêtements jusqu'au-dessous de sa ceinture et resta tout le haut du corps nu. Conformément à la coutume, il noua solidement ses manches autour de ses genoux pour empêcher son corps de tomber en arrière, parce qu'un noble Japonais doit mourir en tombant la face en avant. Delibérément, d'une main fermé, il prit le poignard posé devant lui ; il le fixa avec attention et presque avec amour ; pendant un moment, il sembla recueillir ses pensées pour la dernière fois ; enfin, se frappant profondément au côté gauche, sous la taille, il amena lentement le poignard jusqu'au côté droit et, le retournant dans la plaie, fit une légère entaille en remontant. Durant cette douloureuse et épouvantable opération, pas un muscle de son visage ne bougea. Lorsqu'il retira le poignard, il se pencha en avant et tendit le cou ; pour la première fois, une expression de douleur se peignit sur son visage, mais il ne proféra aucune plainte. A ce moment, le *kaishaku* qui, toujours accroupi, avait suivi attentivement chacun de ses mouvements, sauta sur ses pieds, et, une seconde, balança en l'air son sabre : il y eut un éclair, un coup sourd et horrible, le bruit sonore de quelque chose qui tombe : d'un seul coup la tête avait été séparée du tronc...

« Un silence de mort suivit, rompu seulement par le bruit atroce du sang giclant du corps inerte qui était sous nos yeux, et qui, il n'y avait qu'un instant, était un homme brave et chevaleresque. C'était horrifiant !

« Le *kaishaku* fit une profonde révérence, essuya le sabre avec une feuille de papier qu'il tenait prête à cet effet et quitta le plancher surélevé. Le poignard taché fut solennellement emporté : sanglante preuve de l'exécution.

« Les deux représentants du Mikado quittèrent alors leurs places, et, se dirigeant vers les témoins étrangers, nous demandèrent de témoigner que la sentence de mort contre Taki Zenzaburo avait été fidèlement exécutée. La cérémonie étant terminée, nous quittâmes le Temple. »

Je pourrais multiplier autant que je le voudrais les descriptions de *seppuku* empruntées à des relations de témoins oculaires ou à notre littérature ; mais un seul nouvel exemple suffira.

Deux frères, Sakon et Naiki, âgés respectivement de 24 et 17 ans, avaient tenté de tuer Iyéyasu, pour venger les torts faits à leur père ; mais, avant qu'ils eussent pu pénétrer dans le camp, ils avaient été faits prisonniers. Le vieux général admira le courage de ces enfants qui avaient osé attenter à sa vie, et il ordonna qu'il leur fût permis de mourir d'une mort honorable. Leur petit frère, Hachimaro, un bambin de huit ans, fut condamné au même sort, car la sentence visait tous les membres mâles de la famille ; les trois frères furent donc emmenés dans un monastère où elle devait être exécutée. Un docteur, qui était présent à la scène, nous a laissé un journal dont est tirée la traduction des notes qui y sont relatives.

« Quand ils furent tous assis en rang pour l'exécution finale, Sakon se tourna vers le plus jeune et lui dit : « Va ! toi d'abord ; car je veux être sûr que tu le feras bien. » Sur la réponse du petit que, n'ayant jamais vu faire *seppuku,* il préférerait voir ses frères commencer pour pouvoir les imiter, les frères plus âgés dirent en souriant à travers leurs larmes : « Bien parlé, petit gars ! Tu peux te vanter d'être l'enfant de notre père ! » Lorsqu'ils l'eurent placé entre eux deux, Sakon s'enfonça sa dague dans le côté gauche du flanc en disant : — « Vois-tu, frère, comprends-tu maintenant ? Seulement ne pousse pas la dague trop loin, pour ne pas tomber à la renverse. Penche-toi plutôt en avant, et tiens tes genoux bien serrés. » Naiki fit de même et dit au petit : « Garde tes yeux bien ouverts, autrement tu ressemblerais à une femme qui meurt. Si ta dague rencontre de la résistance et que la force te manque, prends courage et redouble d'efforts pour couper en travers. » L'enfant regarda l'un puis l'autre, et, quand tous deux eurent expiré, il se dévêtit à moitié avec calme et suivit l'exemple qui venait de lui être donné de chaque côté. »

Il était assez naturel qu'une telle glorification de *seppuku* offrît une forte tentation de le pratiquer sans motifs très sérieux. Pour des causes entièrement incompatibles avec la raison ou pour des motifs qui ne méritaient aucunement la mort, de jeunes têtes brûlées couraient au *seppuku* comme des

insectes vers la flamme; des motifs divers
et douteux ont poussé plus de samourai à
cet acte que de nonnes dans les couvents.
La vie avait peu de prix, peu de prix selon
le code populaire de l'honneur. Ce qu'il y
avait de plus déplorable, c'est que l'honneur,
qui était toujours « en jeu », pour ainsi
parler, n'était pas toujours d'or pur, mais
allié à de vils métaux. Aucun cercle de
l'Enfer ne peut se targuer d'une population
japonaise plus dense que le septième, où
Dante enferme toutes les victimes du suicide.

Et pourtant, pour un vrai samourai, hâter
ou courtiser la Mort n'était rien de moins
que pure lâcheté. Un guerrier fameux, après
avoir perdu bataille sur bataille et avoir été
poursuivi de plaines en collines et de halliers
en cavernes, échoua affamé et seul dans le
tronc obscur d'un arbre, son épée émoussée
dans la lutte, son arc brisé et son carquois
vide (le plus noble des guerriers romains,
en une circonstance semblable, ne se jeta-t-il
pas sur son épée à Philippes ?) : celui-ci
jugea qu'il serait lâche de mourir; mais

avec une force d'âme digne des martyrs chrétiens, il s'encouragea par ces vers improvisés :

« Venez, venez encore et toujours,
Vous tristesses et douleurs redoutables !
Et entassez-vous sur mon dos surchargé,
Afin que je ne manque de rien qui puisse faire
De ce qui me reste encore d'énergie.   [la preuve

Cela, oui, c'était l'enseignement de Bushido : supporter et affronter toutes les calamités et l'adversité avec patience et avec une conscience pure ; car ainsi que le disait Mencius : « Lorsque le Ciel est disposé à confier une haute mission à quelqu'un, il commence par exercer son esprit par la douleur, et ses nerfs et ses os par l'effort ; il soumet son corps à la faim, il le condamne à une pauvreté extrême et il ruine ses entreprises. Par tous ces moyens il stimule son esprit, endurcit sa nature, et supplée à ses insuffisances. » L'honneur véritable consiste à accomplir les décrets du Ciel, et aucun mort encourue ce faisant n'est ignominieuse, au lieu que mourir pour éviter ce que le Ciel nous réserve est flagrante lâcheté. Dans ce curieux livre de Sir Thomas Browne, *Religio Medici*, il y a un exact équivalent anglais d'un enseignement répété dans nos Préceptes. Qu'on me permette de le citer : « C'est une action courageuse que de mépriser la mort, mais, là où la vie est plus terrible que la mort, le courage le plus vrai est alors d'oser vivre ». Un célèbre prêtre du dix-septième siècle a dit ironiquement : « On a beau dire, un samourai qui n'est jamais mort est capable au moment décisif de fuir ou de se cacher ». Et encore : « Celui qui une fois est mort dans le tréfonds de son être, ni les lances de Sanada ni toutes les flèches de Tametomo ne le peuvent percer ». Comme nous nous rapprochons des portes du Temple dont le fondateur enseigna : « Quiconque donne sa vie pour moi, trouvera la vie » ! Ce ne sont là que quelques-uns des nombreux exemples qui tendent à confirmer l'identité morale de l'espèce humaine, nonobstant l'effort fait si obstinément pour augmenter autant que possible la distinction entre Chrétiens et Païens.

Nous avons donc vu que l'institution du suicide de Bushido n'était ni si irrationnelle ni si barbare que de frappants abus pourraient à première vue le faire penser. Nous verrons maintenant si sa sœur, la Réparation, — ou la Revanche, si vous voulez —, a des traits plus atténués. J'espère pouvoir traiter cette question en quelques mots, puisque une institution similaire — ou, si l'on préfère, une coutume — a prévalu chez tous les peuples et n'est pas encore tombée entièrement en désuétude, ainsi que l'atteste la persistance du duel et du lynchage. Quoi! un capitaine américain ne provoqua-t-il pas Esterhazy, afin que les torts causés à Dreyfus fussent réparés? Dans une tribu sauvage où le mariage n'existe pas, l'adultère n'est pas un crime, et, seule, la jalousie d'un amant empêche la femme de le trahir : ainsi, à une époque où il n'y avait pas de cour criminelle, un meurtre n'était pas un crime, et la vengeance diligente des parents de la victime préservait seule l'ordre social. « Quelle est la chose la plus belle sur terre ? » dit Osiris à Horus. La réponse fut : « De venger l'injure faite à un parent », — à quoi un Japonais eût ajouté : « et celle à un Maître. »

Dans la revanche, il y a quelque chose qui satisfait notre sentiment de la justice. Le vengeur raisonne : « Mon cher père n'a pas mérité la mort. Celui qui l'a tué a commis un grand méfait. Mon père, s'il vivait, ne tolérerait pas un tel acte : c'est le Ciel lui-même qui hait le mal. C'est la volonté de mon père, c'est la volonté du Ciel que le méchant cesse de nuire. Il doit périr par ma main, parce qu'il a versé le sang de mon père ; moi, qui suis la chair et le sang de mon père, je dois verser le sang du meurtrier. Le même Ciel ne peut nous abriter tous deux. » Cette logique est simple et enfantine (quoique nous sachions bien qu'Hamlet n'ait pas raisonné beaucoup plus profondément) ; néanmoins, elle démontre un sens inné de l'équilibre et de

la justice. « Œil pour œil, dent pour dent. »
Notre sentiment de la revanche est aussi
précis que notre sens des mathématiques,
et, tant que les deux termes de l'équation ne
sont pas égaux, nous sentons qu'il y a
quelque chose qui est resté en souffrance.

Dans le Judaïsme, qui croit à un Dieu
jaloux, ou dans la Mythologie grecque, qui
nous a donné Némésis, la vengeance peut
être laissée à des forces supra-humaines ;
tandis que c'est le bon sens qui fournissait
à Bushido l'institution du redressement,
comme une espèce de cour morale de justice, où les gens eussent la faculté de sou-
mettre les cas qui ne pouvaient être tran-
chés par les lois ordinaires. Le maître des
quarante-sept Ronins fut condamné à la
mort ; il n'y avait pas de juridiction plus
haute à laquelle il pût en appeler ; ses
fidèles suivants se retournèrent alors vers la
vengeance, seule cour suprême qui existât.
Eux, à leur tour, furent condamnés par la
loi commune ; — mais l'instinct populaire
rendit un verdict différent ; et, depuis, leur

mémoire est restée aussi fraîche et embaumée que le sont aujourd'hui encore leurs tombes à Sengakuji.

Quoique Lao-Tsé eût enseigné le pardon des injures, la voix de Confucius fut beaucoup plus forte, qui enseignait qu'il était juste de punir ; et cependant la revanche n'était justifiée que si elle était entreprise pour venger nos supérieurs ou nos bienfaiteurs. Les injures personnelles, y compris celles faites à notre femme et à nos enfants, devaient être supportées et pardonnées. Un samourai pouvait donc pleinement sympathiser avec Annibal, jurant de venger les torts faits à sa patrie ; mais il eût réprouvé James Hamilton portant dans sa ceinture une poignée de terre prise sur la tombe de sa femme, comme indestructible aiguillon de la vengeance à tirer du mal que le Régent Murray avait fait à celle-ci.

Les deux institutions du suicide et du redressement perdirent leur raison d'être à partir de la promulgation du Code criminel. Nous n'entendons plus parler des aventures romanesques d'une belle vierge qui, déguisée, suit la trace du meurtrier de ses parents. Nous n'assistons plus à des tragédies de familles aboutissant à des vendetta. Le chevalier errant de Miyamoto Musashi est devenu un conte du passé. La police bien organisée recherche les criminels pour le compte de la partie lésée, et c'est la loi qui distribue la justice. L'État tout entier et la société veulent voir les torts redressés. Le sens de la justice étant satisfait, il n'est plus besoin de *kataki-uchi*. Si cela avait pu signifier que « la faim du cœur est celle qui se nourrit de l'espoir de s'apaiser avec le sang du délinquant », ainsi que l'a dépeinte un ecclésiastique de New England, il n'aurait pas suffi de quelques articles du Code criminel pour abolir radicalement un instinct aussi enraciné.

Quant au *seppuku*, quoiqu'il n'ait pas non plus d'existence *de jure*, nous en entendons encore parler de temps en temps, et nous continuerons, je le crains, à en entendre parler aussi longtemps que subsistera le souvenir du passé. Beaucoup de méthodes de suicide, sans douleur et expéditives, deviendront à la mode, car ses adeptes augmentent avec une rapidité effrayante dans le monde entier ; mais le Professeur Morselli voudra bien concéder au *seppuku,* parmi elles, une place aristocratique. Il soutient que, « quand le suicide est consommé par des moyens très douloureux, ou au prix d'une longue agonie, quatre-vingt-dix-neuf fois sur cent, il doit être regardé comme l'acte d'un esprit dérangé par le fanatisme, par la folie ou par une excitation morbide » [1]. Or, dans un *seppuku* normal, il n'y a rien qui ressemble au fanatisme, ni à la folie, ni à l'excitation ; le plus absolu sang-froid était nécessaire à son accomplissement. Des deux genres entre lesquels le Dr Strahan [2] classe les suicides : les Rationnels ou Quasi-Suicides et les Irrationnels ou Vrais suicides, le *seppuku* est le plus pur exemple du premier type.

De ces sanglantes institutions aussi bien

1. Morselli, *Le suicide,* p. 314.
2. *Suicide et Folie.*

qüe de l'esprit général du Bushido, il est aisé de déduire que le glaive joue un rôle important dans la discipline sociale et dans la vie. Le dicton est passé en axiome qui appelait le sabre : l'âme du samourai.

CHAPITRE XIII

LE SABRE : AME DU SAMOURAI

Le Bushido fit du sabre l'emblème de sa
puissance et de ses prouesses. Lorsque Ma-
homet proclamait « que le glaive était la
clef du Ciel et de l'Enfer », il ne faisait que
donner écho à un sentiment japonais. De
très bonne heure, le samourai en apprenait
le maniement. C'était un événement important, quand, à l'âge de cinq ans, il était
revêtu de tous les accessoires du costume
samourai, placé sur un *go*-échiquier [1], et

---

1. Le jeu de *go* est appelé quelquefois le jeu de dames
japonais, mais il est beaucoup plus compliqué que le jeu
européen. Le *go*-échiquier contient 361 rectangles et est
supposé représenter un champ de bataille, l'objet de ce jeu
consistant à occuper autant de place que possible.

initié aux règlements de la profession des
armes, après avoir ceint un sabre véritable
au lieu du joujou qui avait servi à l'amuser.
Après cette première cérémonie de l'*adoptio
per arma,* il ne devait plus se faire voir hors
de la maison paternelle sans cet insigne de
son rang ; cependant, dans la tenue de tous
les jours, l'arme était ordinairement rem-
placée par un poignard en bois doré. Peu
d'années ne se passeront pas maintenant
qu'il ne porte en tout temps le véritable
sabre d'acier, mais non aiguisé ; dès lors, les
simulacres sont relégués, et, avec une joie
plus acérée que ses armes toutes neuves, il
sort de chez lui pour éprouver leur tranchant sur le bois et la pierre. Lorsqu'il
atteint la condition d'homme, à quinze ans,
âge qui lui confère l'indépendance d'action,
il peut désormais s'enorgueillir de posséder
des armes assez affilées pour n'importe quelle
œuvre. De posséder en propre cet instrument dangereux lui inspire un sentiment de
respect de soi-même et de responsabilité qui
se révèle dans son air. « Il ne porte pas

l'épée en vain. » Ce qu'il porte à sa ceinture est le symbole de ce qu'il porte dans son esprit et dans son cœur : loyalisme et honneur. Les deux sabres, — le plus long et le plus court, — appelés respectivement *daito* et *shoto* ou *katana* et *wakizashi* ne quittent jamais son côté. Chez lui, ils occupent la place la plus en vue dans son studio ou son salon ; la nuit, ils sont à son chevet, à portée de sa main. Compagnons constants, il les aime, et leur donne des noms d'amitié. Etant vénérés, ils sont presque l'objet d'un culte. Le Père de l'Histoire a rapporté comme un document curieux que les Scythes sacrifiaient à un cimeterre de fer. Plus d'un temple et plus d'une famille au Japon conservent un sabre comme objet d'adoration. Même le plus commun des poignards est entouré de respect. Toute insulte à lui faite équivaut à un affront personnel. Malheur à celui qui négligemment enjambe une arme gisant à terre.

Un objet si précieux ne peut pas rester si longtemps sans tenter l'inspiration et la virtuosité d'un artiste, ou sans éveiller la vanité de son possesseur, spécialement en temps de paix, quand il n'a pas à remplir d'autre rôle que la crosse d'un évêque ou le sceptre d'un roi. De la peau de requin et la soie la plus fine pour la poignée, de l'or et de l'argent pour la garde, des laques de diverses teintes pour le fourreau enlevaient à la plus terrible des armes une partie de son aspect redoutable ; mais ces ornements ne sont que joujoux comparés à la lame elle-même.

Celui qui forgeait les sabres n'était pas un simple artisan, mais un artiste inspiré, et son atelier un sanctuaire. Il commençait tous les jours son travail par la prière et par la purification, ou, comme on disait, « il liait son âme et son esprit à l'acier qu'il for-geait et trempait ». Chaque coup de mar-teau, chaque trempe, chaque frottement sur la meule était un acte religieux, non de mince importance. Fut-ce l'esprit du maître-ouvrier ou de son dieu tutélaire qui légua à notre glaive un sort redoutable ? Parfaite comme une œuvre d'art, défiant ses rivales de Tolède et de Damas, cette épée était quelque chose de plus que l'art ne la pouvait faire. La froide lame se couvrant de buée au moment où elle était tirée du fourreau, sa matière immaculée reflétant une lumière d'une teinte bleuâtre, son incomparable tranchant dont dépendent l'histoire des peuples et leurs possibilités, la courbe de son dos unissant la grâce exquise à la force la plus rigide : tout cela nous suggère un mélange de sentiments de puissance et de beauté, de respect et de terreur. Sa mission aurait été inoffensive si le sabre était resté seulement un objet de beauté et de joie ! Mais, toujours à portée de la main, il offrait une forte tentation d'en abuser. Trop souvent la lame brilla hors de sa paisible gaine. Les abus allaient souvent jusqu'à éprouver sur le cou d'une créature innocente la qualité de l'acier acheté.

La question qui nous intéresse le plus est, en tout cas : le Bushido a-t-il approuvé l'usage inconsidéré des armes ? La réponse est sans équivoque : non ! De même qu'il attachait une grande importance à l'usage approprié des armes, de même il en dénonçait et en abhorrait l'abus. Poltron ou fanfaron : voilà comme on appelait quiconque brandissait son arme pour une cause qui n'en valait pas la peine. Un homme qui se possède sait quand il en doit faire usage, et ces circonstances sont rares. Ecoutons le feu Comte Katsu qui vécut à une des époques les plus agitées de notre histoire, quand les assassinats, les suicides et autres pratiques sanguinaires étaient à l'ordre du jour. Tout investi qu'il fût à ce moment-là d'un pouvoir presque dictatorial, et bien qu'il eût été, à plusieurs reprises, désigné au poignard des assassins, jamais il ne tacha son sabre de sang. Racontant quelques-uns de ses souvenirs à un ami, il dit, dans cette langue pittoresque et plébéienne qui lui était particulière : « J'éprouve un vrai dégoût à tuer des gens, aussi je n'ai pas tué un seul homme ! J'ai relâché ceux qui auraient mérité d'être raccourcis. Un ami me dit un jour : « Vous ne tuez pas assez. Vous ne

mangez donc pas de poivre et d'aubergines ? »
— Oui, je sais bien que certaines gens ne
valent pas mieux que ça ! Mais, voyez-vous,
ce garçon-là fut lui-même assassiné. Si, moi,
j'ai réchappé, c'est peut-être à cause de ma
répugnance à tuer. J'avais la garde de mon
sabre si fortement attachée au fourreau qu'il
m'était très difficile de tirer la lame. J'avais
mis dans ma tête qu'on pouvait me tuer
mais que je ne tuerais pas. Mais oui, mais
oui, il y a des gens qui sont tout pareils aux
mouches et aux moustiques ; ils piquent,
mais que font leurs piqûres ? Cela vous
démange un peu et c'est tout ; ça ne met pas
la vie en danger. » Telles sont les paroles
d'un homme dont l'éducation, reçue du
Bushido, avait été mise à l'épreuve dans
l'ardente fournaise de l'adversité et du
triomphe. L'apophtegme populaire : « Etre
battu, c'est conquérir », signifiant que la
véritable conquête consiste à ne pas faire acte
d'adversaire séditieux ; — cet autre-ci : « La
victoire la plus fructueuse est celle qu'on
remporte sans effusion de sang » ; — d'au-

tres dictons analogues, enfin, montrent que, malgré tout, l'idéal le plus élevé de la chevalerie était la paix.

Il est grand dommage que ce haut idéal ait été laissé exclusivement à la prédication des prêtres et des moralistes, cependant que le samourai s'adonnait à la pratique et à l'exaltation des choses martiales. Ils allèrent jusqu'à donner à leur conception idéale de la féminité les couleurs du caractère de l'amazone. Ici, il y aura avantage pour nous à consacrer quelques paragraphes à l'éducation et à la condition de la femme.

CHAPITRE XIV

L'ÉDUCATION ET LA CONDITION DE LA FEMME

La femme, moitié de l'espèce humaine, a été quelquefois appelée le parangon des paradoxes, parce que le travail intuitif de l'âme féminine est au-delà de la portée de l' « intelligence arithmétique » masculine. L'idéogramme chinois désignant le « mystérieux », l' « inconnaissable », se compose de deux parties : l'une qui signifie « jeune » et l'autre « femme », parce que les charmes physiques et les délicates pensées du beau sexe sont au-dessus de ce que peut expliquer le grossier instrument mental de notre sexe.

Quoiqu'il en soit, dans l'idéal Bushido en ce qui touche la femme, il y a peu de

— 193 —

mystère et seulement un paradoxe apparent. J'ai dit que cet idéal tendait à rapprocher la femme de l'amazone ; mais ce n'est qu'à moitié vrai. Idéographiquement, la langue chinoise représente l'épouse par une femme tenant un balai — non certes pour le brandir offensivement ou défensivement contre son allié conjugal, ni comme symbole de sorcellerie, mais pour le plus inoffensif des usages auxquels l'avaient destiné les inventeurs de cet instrument ; — l'idée enfermée dans le signe étant une idée domestique tout autant que celle impliquée dans la dérivation étymologique du mot anglais (*weaver*) épouse, et fille (*daughter, duhitar, milkmaid*) [1]. Sans limiter la sphère d'activité de la femme à la cuisine, à l'église, à l'enfant, (*Küche, Kirche, Kinder*), comme on dit que le faisait le Kaiser allemand, l'idéal féminin du Bushido était, par excellence, un idéal domestique. Les apparentes contradictions,

---

1. *Weaver* : celle qui tisse, d'où est venu *wife*, épouse ; — *Duhitar* (sanscrit), équivalant à peu près à *Milkmaid*, celle qui s'occupe du lait (N. d. T.).

à savoir : les caractéristiques de l'amazone jointes aux caractéristiques domestiques, ne sont pas incompatibles, nous le verrons, avec les préceptes de la chevalerie.

Le Bushido représentant primitivement un enseignement destiné au sexe masculin, les vertus qu'il prisait dans la femme furent naturellement loin d'être expressément féminines. Winkelmann remarque que « la beauté suprême de l'art grec est plutôt masculine que féminine », et Lecky ajoute que cela était vrai également de la conception proprement morale que les Grecs avaient de l'art. Le Bushido, pareillement, appréciait les femmes « qui s'affranchissaient des faiblesses de leur sexe, et qui déployaient un courage héroïque digne des hommes les plus forts et les plus braves [1]. » Les jeunes filles étaient donc élevées à réprimer leurs sentiments, à fortifier leurs nerfs, à manier les armes — spécialement le sabre à longue poignée appelé *nagi-nata* — pour être à

---

1. Lecky, *Histoire des morales européennes*, II, p. 383.

même de se défendre dans des conjonctures imprévues. Il va de soi que le but primitif de cette éducation martiale n'était pas le champ de bataille ; elle avait à la fois une fin d'ordre individuel et d'ordre domestique. La femme, n'ayant pas de suzerain personnel, s'instituait son propre garde du corps. Avec son arme, elle défendait son propre honneur avec autant de zèle que son mari celui de son maître. Quant à l'utilité domestique de son éducation guerrière, c'était de la rendre apte à l'éducation de ses fils, comme nous le verrons plus loin.

L'escrime et les exercices similaires, s'ils n'étaient que rarement d'un emploi pratique, contre-balançaient d'une manière salutaire les habitudes sédentaires particulières aux femmes. Mais ces exercices n'étaient pas uniquement pratiqués dans un but d'hygiène. A l'occasion, on pouvait y avoir recours pour des fins personnelles. Les jeunes filles, quand elles atteignaient l'âge de femme, étaient dotées de poignards *kai-ken* (poignards de poche) dont elles pouvaient menacer la poitrine de leurs assaillants, ou que, le cas échéant, elles pouvaient tourner contre leur propre sein. Ce dernier cas se présenta fréquemment, et je ne saurais ici juger ces femmes sévèrement. Même la morale chrétienne, malgré son horreur du suicide, ne sera pas dure pour elles, puisque Pélagia et Dominina, deux suicidées, furent canonisées pour leur pureté et leur piété. Lorsqu'une Virginie japonaise voyait sa chasteté en péril, elle n'avait pas recours au poignard paternel ; sa propre arme reposait toujours sur son sein. C'eût été un déshonneur pour elle de ne pas savoir la manière exacte dont elle devait consommer le suicide. Par exemple, si peu instruite qu'elle fût en anatomie, elle devait connaître la place exacte de son cou où frapper ; elle devait savoir lier ses membres inférieurs avec une ceinture, pour que, quelles que pussent être les souffrances de son agonie, son corps fût trouvé dans la plus chaste des attitudes, les jambes convenablement placées. Une telle précaution n'est-elle pas digne de la

Chrétienne Perpétue ou de la Vestale Cornélie ? Je n'aurai pas posé une question aussi saugrenue s'il n'y avait pas, — reposant sur notre manière de nous baigner et autres vétilles, — une conception erronée tendant à croire que la chasteté est inconnue chez nous [1]. Tout au contraire, la chasteté était une vertu prééminente de la femme du samourai, et elle la mettait au-dessus de la vie. Une jeune femme, faite prisonnière, se voyant en danger de subir les violences d'une soldatesque brutale, promit aux soldats de se livrer à leur plaisir pourvu seulement qu'on lui permît d'écrire quelques mots à ses sœurs, que la guerre avait dispersées de tous les côtés. Sa lettre terminée, elle courut au puits le plus proche et sauva son honneur en s'y noyant. La lettre qu'elle avait laissée, finissait par ces vers :

De crainte que les nuages ne ternissent son éclat
Si seulement elle consentait à effleurer cette basse
[sphère,

1. Pour une explication très sensée de la nudité et de la pratique du bain, voir : *Le temps des lotus au Japon*, par Finck, pp. 286 à 297.

LA FEMME

La jeune lune planant au-dessus des hauteurs,
Se hâte de s'enfuir.

Il ne serait pas juste de donner à mes lecteurs l'idée que la masculinité fût notre plus haut idéal pour la femme. Loin de là. On lui demandait la pratique des arts d'agréments et les grâces les plus aimables. La musique, la danse et la littérature n'étaient pas négligées. Quelques-uns des plus jolis vers de notre littérature furent les expressions de sentiments féminins ; en fait, les femmes jouèrent un rôle important dans l'histoire des belles-lettres japonaises. La danse leur était enseignée (je parle des filles de samourai et non des *geisha*) seulement pour assouplir la raideur de leurs mouvements. La musique servait à charmer les heures d'ennui de leurs pères ou de leurs maris ; ce n'est pas, dès lors, pour la technique de cet art, en tant qu'art, que la musique était apprise ; son but suprême était la purification du cœur, puisqu'on allait jusqu'à dire que l'harmonie des sons

ne pouvait être obtenue que si l'harmonie
régnait dans le cœur même de l'exécutant.
Ici encore nous retrouvons la même idée
prépondérante que nous avions notée dans
l'éducation de la jeunesse, à savoir : que les
arts d'agréments étaient toujours subor-
donnés à leurs vertus moralisatrices. Juste
assez de musique et de danse pour ajouter
du charme et de la joie à la vie ; il n'était
nullement question d'encourager la vanité et
l'extravagance. Je sympathise avec ce prince
persan, introduit dans un bal à Londres, à
qui l'on demandait s'il voulait prendre part
à l'amusement, et qui fit avec brusquerie
remarquer que, dans son pays, on se pour-
voyait de femmes d'une catégorie particulière pour leur faire faire ce genre de
métier.

Les arts d'agréments de nos femmes
n'étaient pas acquis pour la parade ou
comme signe d'une certaine supériorité
sociale. Ils étaient une distraction du foyer ;
et, si l'on s'y adonnait dans des réunions
mondaines, c'est que ces divertissements

étaient compris dans les obligations de la maîtresse de maison, en d'autres termes qu'ils faisaient partie de l'appareil domestique de l'hospitalité. Les femmes étaient élevées pour la vie de famille. On peut dire que les arts d'agréments des femmes du Vieux Japon, qu'ils eussent un caractère martial ou pacifique, avaient principalement en vue le foyer ; et, si loin de cet objet que l'on se laissât parfois entraîner, jamais on ne perdait de vue que, le foyer, c'était le centre. C'est pour maintenir l'intégrité et l'honneur de ce foyer qu'elles travaillaient sans relâche, qu'elles peinaient et sacrifiaient leur vie. Nuit et jour, avec des accents à la fois fermes et tendres, braves et plaintifs, elles chantaient pour leurs petits nids. Comme fille, la femme se sacrifiait pour son père ; comme femme, pour son mari ; comme mère, pour son fils. Ainsi, dès sa prime jeunesse, elle était instruite au renoncement. Sa vie n'était pas une vie d'indépendance, mais une vie de soumission dans le service. Compagne de l'homme, si sa présence apporte une aide, elle reste en scène, à ses côtés . si cette présence gêne son travail, elle rentre dans la coulisse. Il n'est point rare qu'un jeune homme tombe amoureux d'une jeune fille et que celle-ci lui rende son amour avec une ardeur égale ; mais, si elle vient à s'apercevoir que l'intérêt qu'il lui porte le rend oublieux de ses devoirs, elle se défigure pour n'être plus désirable. Adzuma, l'épouse idéale dans l'imagination des jeunes filles samourai, s'aperçoit qu'elle est aimée d'un homme qui conspire contre son mari. Sous prétexte de se joindre au complot criminel, elle parvient, dans l'obscurité, à prendre la place de son mari, et le sabre de l'amoureux assassin s'abat sur sa tête, vouée à l'immolation. L'épître suivante, écrite avant de se donner la mort, par la femme d'un jeune daimio, se passe de commentaires :

« J'ai entendu dire que jamais l'accident ou le hasard ne dérangeait ici-bas le cours des événements, et que tout était conforme à un plan. De se mettre à l'abri sous une même branche, ou de s'abreuver à une même rivière : ces choses étaient décrétées bien longtemps avant notre naissance. Depuis que nous avons été réunis par les nœuds d'un éternel hymen, il y a deux courtes années aujourd'hui, mon cœur t'a suivi, comme son ombre suit un objet, tous deux inséparablement liés, cœur contre cœur, chacun aimant et chacun étant aimé. Venant tout à l'heure d'apprendre, cependant, que la prochaine bataille doit être la dernière de ton labeur et de ta vie, accepte l'adieu suprême de la compagne qui t'aime. J'ai entendu dire que Kowu, le puissant guerrier de la Chine antique, avait perdu une bataille parce qu'il n'avait pas voulu se séparer de Gu sa favorite. Yoshinaka, également, pourtant si brave, fut cause du désastre de son parti pour avoir eu la faiblesse de s'attarder dans ses adieux à sa femme. Comment pourrais-je, moi, à qui la terre n'offre plus d'espoir ni de joie, comment pourrais-je t'accaparer ou accaparer tes pensées en vivant ? Ne dois-je pas plutôt t'attendre sur le chemin où tout mortel doit passer tôt ou tard ? Jamais, de grâce, jamais n'oublie tous les bienfaits dont notre bon maître Hidéyori t'a comblé. La gratitude que nous lui devons est profonde comme la mer, haute comme les montagnes ».

Le sacrifice volontaire de la femme pour le bien de son mari, de son foyer et de sa famille était aussi spontané et honorable que le sacrifice volontaire de l'homme pour le bien de son maître et de son pays. Le renoncement, sans lequel ne peut être résolu aucun problème de la vie, était la note tonique du loyalisme de l'homme aussi bien que de l'asservissement de la femme. Elle n'était pas plus l'esclave de l'homme que son mari ne l'était de son suzerain, et le rôle qu'elle jouait était réputé comme *naijo*, c'est-à-dire « l'aide du foyer ». Dans la hiérarchie des services, la femme s'annihilait devant l'homme, afin qu'il pût s'annihiler lui-même devant son maître et que celui-ci, à son tour, pût obéir au Ciel. Je sais le point faible de cet enseignement et que la supériorité du Christianisme ne se manifeste nulle part mieux qu'en ceci : qu'il exige de chaque individu en particulier, de toute âme vivante, la responsabilité directe envers son Créateur. Néanmoins, en ce qui concerne la doctrine du service, c'est-à-dire le fait de servir une cause plus haute que la sienne propre, fût-ce au prix du sacrifice de sa propre individualité; je dis que, pour ce qui est de la doctrine du service (la plus grande qu'ait prêchée le Christ et celle qui fut la note tonique sacrée de Sa mission), la doctrine du Bushido était, en ce qui lui est propre, basée sur une vérité éternelle. J'accepte, certes, dans une large mesure cette opinion qu'avança et que défendit Hégel avec une vaste érudition et une grande profondeur de pensée : que l'histoire est le développement et la réalisation de la liberté. Mais le point sur lequel j'insiste est que tout l'enseignement du Bushido était si complètement imprégné de l'esprit du sacrifice de soi, que celui-ci était exigé non seulement de la femme, mais de l'homme. Dès lors, tant que l'influence de ces préceptes n'aura pas entièrement disparu, il sera impossible à notre société de concevoir l'opinion témérairement exprimée par un Américain, défenseur des Droits de la femme, qui s'écriait : « Puissent toutes les filles du Japon se révolter contre les anciennes coutumes! » Une telle révolte réussirait-elle ? Améliorerait-elle la condition de la femme ? Les droits qu'elles auraient conquis par un procédé aussi sommaire compenseraient-ils la perte de cette douceur de caractère, de cette grâce de manières, qui sont leur patrimoine actuel ? La perte de la sujétion domestique où était tenue la classe des matrones romaines ne fut-elle pas suivie d'une corruption des mœurs trop scandaleuse pour être décrite ici ? Le réformateur américain peut-il nous assurer qu'une révolte de nos filles est la vraie route à suivre pour leur évolution historique ? Voilà de graves questions. Les changements doivent se produire et ils se produiront sans révoltes. En attendant, voyons un peu si la condition du beau sexe sous le régime du Bushido était réellement si mauvaise qu'elle puisse justifier une révolte.

On parle beaucoup du respect extérieur que les chevaliers européens témoignaient à « Dieu et aux Dames — deux termes qui, ainsi rapprochés, contiennent je ne sais quoi de choquant qui fait rougir Gibbon ; nous savons également par Hallam que la moralité de la chevalerie était grossière et que la galanterie impliquait des amours illicites. L'effet de la chevalerie sur le sexe faible n'a pas laissé d'être une matière de réflexions pour les philosophes : Guizot soutient, lui, que la féodalité et la chevalerie exerçaient une influence salutaire, tandis que Spencer nous dit que, dans une société guerrière (et qu'est-ce que la société féodale, sinon une société guerrière ?), la position de la femme est nécessairement inférieure, et qu'elle s'améliore seulement lorsque la société devient plus industrielle. Or, est-ce la théorie de Guizot sur le Japon qui est vraie ou celle de Spencer ? Je pourrais répondre en affirmant que les deux sont justes. La classe militaire au Japon était exclusivement composée de samourai, qui comprenaient à peu près deux millions d'âmes. Au-dessus d'eux, étaient les militaires nobles, les *daimio*, et les nobles de Cour, les *kugé*, — ces derniers, d'une classe aristocratique plus élevée, n'étant que des sybarites et n'ayant, du soldat, que le nom. Au-dessous d'eux, était la masse du peuple : artisans de la mécanique, marchands et paysans, dont la vie était vouée aux travaux de la paix. Dès lors, ce qu'Herbert Spencer donne comme la caractéristique du type guerrier de toute une société, on est en droit de le considérer comme s'appliquant exclusivement à la classe samourai, — cependant que les caractéristiques du type industriel sont applicables à toutes les classes situées tant au-dessus qu'en dessous des dits samourai. Cela est fort bien illustré par la condition de la femme, attendu que, dans aucune classe, elle ne jouissait de moins de liberté que parmi les samourai. Chose curieuse : plus la classe sociale était inférieure (prenons par exemple celle des petits artisans), plus la position de la femme et celle du mari tendaient à être égales. Dans la haute noblesse également, la différence des relations entre les sexes était moins marquée, en particulier parce que les différences de sexes n'avaient pas beaucoup d'occasions d'être mises en évidence, — le noble désœuvré devenant à la lettre un efféminé. La formule de Spencer, on le voit, s'étaye sur de nombreux exemples dans le vieux Japon. Quant à celle de Guizot, tous ceux qui ont lu ses considérations sur la communauté féodale se rappelleront que ce qu'il envisageait spécialement c'était la haute noblesse, de sorte que sa généralisation s'applique au *daimio* et au *kugé*.

Je serais coupable d'une grande injustice envers la vérité historique si mes propos donnaient une piètre opinion de la situation de la femme sous le Bushido. Je n'hésite nullement à accorder qu'elle n'était pas traitée comme l'égale de l'homme ; mais tant que nous n'aurons pas appris à faire une distinction entre ce que nous appelons des différences et des inégalités, il y aura toujours des malentendus à ce sujet.

Lorsque nous considérons sous combien peu de rapports les hommes sont égaux entre eux, — par exemple devant les tribunaux ou les scrutins de vote, — il paraît oiseux que nous nous tracassions par des discussions sur l'égalité des sexes. Lorsque la Déclaration de l'Indépendance américaine exprima que tous les hommes étaient créés égaux, cela ne se rapportait pas à leurs qualités physiques ou morales ; c'était simplement la répétition de ce que Ulpian avait formulé longtemps auparavant : que les hommes sont tous égaux devant la loi. Les droits légaux furent, en ce cas, la mesure de leur égalité. Si la loi était la seule échelle à laquelle il fallût mesurer la condition de la femme dans la communauté, il serait aussi aisé de préciser sur quel échelon elle se tient, que d'exprimer « ce qu'elle pèse » en livres et en onces. Mais la question est celle-ci : existe-t-il un étalon correct pour comparer l'une à l'autre les positions sociales respectives des deux sexes ? Est-il juste, est-il suffisant de comparer la position sociale de la femme à celle de l'homme, comme la valeur de l'or est comparée à celle de l'argent, et d'en tirer le rapport numérique ? Une telle méthode de calcul

exclut d'une telle opération la plus importante des valeurs que possède un être
humain, à savoir la valeur intrinsèque. En
raison de la variété si complexe des qualités
requises pour que chaque sexe soit à même
de remplir sa mission terrestre, l'étalon qu'il
faudrait adopter pour mesurer leurs positions relatives devrait être d'un caractère
également complexe ; ou, pour emprunter
la terminologie économique, il faudrait que
ce fût un étalon multiple. Le Bushido avait
son étalon à lui et c'était un binome. Il
essayait de peser la valeur de la femme
alternativement sur les champs de bataille
et au foyer. Là, elle comptait pour bien peu ;
ici, elle était tout. La manière de la traiter
correspondait à cette double mesure : en
tant qu'unité sociale et politique, il lui reve-
nait peu : mais comme femme et comme
mère, elle recevait le plus grand respect et
l'affection la plus profonde. Pourquoi, dans
une nation aussi militaire que la nation
romaine, les matrones furent-elles si hautement respectées ? N'est-ce pas parce qu'elles

étaient des *matrona*, des mères ? Ce n'est pas en tant que combattantes ou législatrices que les hommes s'inclinaient devant elles, mais en tant que leurs mères. Ainsi chez nous. Pendant que les pères et les maris étaient absents, soit dans les camps, soit sur les champs de bataille, le gouvernement de la maison était laissé entièrement aux mains des mères et des femmes. L'éducation et même la défense de la jeunesse leur étaient confiées. Si les femmes furent exercées au maniement des armes à quoi j'ai fait allusion, ce fut, à l'origine, pour qu'elles fussent capables de diriger avec compétence et de suivre l'éducation de leurs enfants.

J'ai remarqué une notion assez superficielle prévalant chez les étrangers mal informés, et d'après laquelle (sous prétexte qu'on emploie couramment chez nous pour parler de sa femme les mots : « ma rustique épouse », ou d'autres analogues), la femme serait méprisée et tenue en mince estime. Mais, à cela, il y a une réponse bien simple : c'est que, partout, on dit en riant des mots comme ceux-ci : « Mon fou de père », « mon animal de fils », « idiot que je suis », etc.

Il me semble à moi que notre conception de l'union conjugale va, sous certains rapports, plus loin que la conception chrétienne : « L'homme et la femme ne doivent être qu'une seule chair ». L'individualisme de l'Anglo-Saxon ne peut, malgré tout, se défaire de l'idée que le mari et la femme sont deux personnes ; — d'où, lorsqu'ils sont en désaccord, des droits séparés bien délimités ; et, quand ils s'accordent, un vocabulaire composé de toutes sortes de puérils petits noms d'amitiés et de niaises fadeurs. Pour nos oreilles, c'est une chose tout à fait étrange que d'entendre un mari ou une femme parler à un tiers de sa propre « moitié » — bonne ou mauvaise — comme de quelqu'un de « charmant », de « distingué », de « parfait », etc. Est-il de très bon goût, quand on parle de soi, de dire « ma personnalité éminente », « mon charmant caractère », et ainsi de suite ? Nous pensons que, de louer sa propre femme, c'est louer une partie de soi-même ; or se louer soi-même est regardé chez nous, pour ne pas dire plus, comme de mauvais goût ; et j'espère qu'il en est de même parmi les nations chrétiennes. Si cette digression est un peu longue c'est qu'une dépréciation courtoise de son conjoint était une pratique très en faveur parmi les samourai.

Les races teutoniques ayant commencé leur existence de tribu par une crainte superstitieuse du beau sexe (elle a actuellement joliment disparu en Allemagne !) ; et les Américains ayant commencé leur vie sociale avec le sentiment pénible de l'insuffisance numérique des femmes [1] (le nombre de celles-ci s'est accru tellement qu'elles risquent fort, j'en ai peur, de perdre rapidement le prestige dont jouissaient leurs mères coloniales), — le respect dont

[1]. Je fais allusion aux jours où des jeunes filles furent importées d'Angleterre et données en mariage contre une certaine quantité de tabac.

l'homme entoure la femme est devenu, dans la civilisation occidentale, la mesure la plus haute de la moralité. Mais, dans l'éthique martiale du Bushido, la grande ligne de démarcation entre le bon et le mauvais fut cherchée ailleurs. Elle était située le long de la ligne du devoir qui, d'une part, liait l'homme à sa propre âme divine et, d'autre part, la liait aux âmes d'autrui, dans les cinq catégories de relations que j'ai mentionnées dans la première partie de cette étude. De ces cinq relations, j'ai signalé particulièrement à l'attention du lecteur le loyalisme, soit la relation existant entre un homme comme vassal et un autre comme seigneur. Les autres, je n'en ai parlé qu'incidemment, quand l'occasion s'en est présentée, parce qu'elles n'étaient pas particulières au Bushido. Fondées qu'elles sont sur l'affection naturelle, de telles tendances ne pouvaient être que communes à tout le genre humain, encore que, dans certaines circonstances, elles aient pu avoir été accentuées par les conditions particulières à l'éducation du Bushido. C'est quand je songe à cette éducation que je m'explique la force particulière et la tendresse de l'amitié entre un homme et un homme : ce sentiment devenait souvent si fort qu'il en arrivait à pouvoir renforcer, d'un attachement romanesque, le lien qui unissait le frère au frère. La cause, sans aucun doute, résidait dans le fait que, pendant la jeunesse, les sexes, au Japon, étaient séparés les uns des autres. On conçoit que cette séparation ait barré au besoin d'affection sa voie naturelle, qui, par suite de la liberté des rapports entre les deux sexes, restait ouverte soit dans la chevalerie d'Occident, soit chez les Anglo-Saxons. Je pourrais remplir des pages entières avec les versions japonaises d'histoires comme celles de Damon et Pythias ou d'Achille et Patrocle, ou traduire dans le langage du Bushido des récits d'amitiés aussi tendres que celle qui unissait David et Jonathan.

Quoiqu'il en soit, il n'est pas surprenant que des vertus et des enseignements qu'on ne trouve que dans les préceptes de la chevalerie ne soient pas restés la propriété exclusive de la classe militaire. Et cela nous conduit tout droit à l'étude de l'influence du Bushido sur la nation en général.

CHAPITRE XV

L'INFLUENCE DU BUSHIDO

Jusqu'ici, nous n'avons fait voir que quelques-unes des cimes qui dominent toute la chaîne des vertus de la chevalerie, vertus qui, dans leur ensemble, se tiennent à une hauteur très supérieure au niveau général de notre vie nationale.

De même que, quand il se lève, le soleil touche d'abord de sa lumière rosée les cimes les plus élevées, pour éclairer ensuite graduellement de ses rayons la vallée en dessous, ainsi, le système d'éthique qui d'abord brilla dans la classe guerrière trouva, au cours des âges, des disciples parmi les masses. La démocratie met en haut un homme d'élite et se le donne comme chef, cependant que l'aristocratie infuse un esprit noble parmi le peuple. Les vertus ne sont pas moins contagieuses que les vices. « Il suffit d'un seul homme sage dans une réunion et tous deviennent sages, si rapide est la contagion », dit Emerson. Aucune classe sociale, aucune caste ne résiste au pouvoir de diffusion d'une influence morale.

Malgré tout ce qu'on peut dire de la marche triomphante de la liberté anglo-saxonne, rarement c'est de la masse qu'elle reçut son impulsion. Ne fut-ce pas plutôt l'œuvre des seigneurs et des *gentlemen* ? Taine dit très justement : « En ces trois syllabes, telles qu'on les énonce de l'autre côté du canal, se résume toute l'histoire de la société anglaise. » La démocratie peut faire une réplique pleine d'assurance à une proposition comme celle-là, et riposter : « Lorsqu'Adam bêchait et qu'Eve filait, où donc était le gentleman ? » Quel grand dommage qu'il n'y ait pas eu un gentleman présent dans l'Eden ! Il manqua cruellement à nos premiers parents et ils payèrent bien cher son absence. Si un gentleman eût été là, non seulement le Jardin eût été arrangé avec plus de goût, mais le premier homme et la première femme auraient appris, sans douloureuse expérience, que la désobéissance à Jéhovah était déloyauté et déshonneur, trahison et rebellion.

Ce que fut le Japon, il le dut aux samourai. Non seulement ils furent la fleur de la nation, mais aussi ses racines. Par eux fleurirent les plus beaux dons du Ciel. Quoiqu'ils se tinssent socialement à l'écart de la masse populaire, ils représentaient pour elle un modèle de moralité, et ils la guidaient par leur exemple. J'admets que Bushido ait eu [ses enseignements ésotériques et exotériques ; ceux-ci furent eudémoniques, préoccupés du bien-être et du bonheur de la communauté ; ceux-là furent arétaïques, exaltant la pratique des vertus pour elles-mêmes.

Dans les temps les plus chevaleresques de l'Europe, les chevaliers ne formaient numériquement qu'une petite fraction de la population ; mais, comme le dit Emerson :

L'INFLUENCE DU BUSHIDO

« Dans la littérature anglaise, la moitié des drames et tous les romans, — depuis Sir Philippe Sidney jusqu'à Sir Walter Scott, — dépeignent ce type (le gentleman) ». A la place de Sidney et de Scott écrivez les noms de Chikamatsu et de Bakin et vous aurez, dans ses éléments principaux, les grands traits de l'histoire littéraire du Japon.

Les innombrables lieux d'amusement et d'instruction populaire, les théâtres, les baraques des conteurs d'histoires, les chaires des prédicateurs, les romances de musique, les romans ont pris comme thèmes principaux les histoires des samourai. Les paysans, autour du feu, dans leurs huttes, ne se lassent pas de répéter les exploits de Yoshitsuné et de son fidèle suivant Benkéi, ou l'histoire des deux valeureux frères Soga ; les moutards barbouillés écoutent bouche bée, jusqu'à ce que le dernier morceau de bois soit brûlé et que le feu meure dans ses cendres, et ils restent le cœur enflammé par l'histoire contée. Les clercs et les commis de boutique, après leur journée de travail et la fermeture des *amado* [1] du magasin, s'assemblent pour se raconter l'histoire de Nobunga et de Hidéyoshi jusqu'à une heure avancée de la nuit, jusqu'à ce que le sommeil ferme enfin leurs yeux las, et les emporte au pays des rêves, bien loin des corvées du comptoir, vers les exploits des champs de batailles. Au petit bonhomme qui commence à faire ses premiers pas, on enseigne à bégayer les aventures de Momotaro, l'audacieux conquérant du pays des ogres. Mêmes les jeunes filles sont si imbues de l'amour des exploits et des vertus chevaleresques que, comme Desdémone, elles se passionnent à écouter d'une oreille avide le roman des samourai.

Le samourai est devenu le *beau idéal* [2] de toute la race. « Comme parmi les fleurs, celle du cerisier est reine, ainsi, parmi les hommes, le samourai est seigneur », dit une chanson populaire. Se tenant en dehors de la carrière commerciale, la classe guerrière ne sou-

1. Volets extérieurs.
2. En français dans le texte (N. d. T.).

tenait pas elle-même le commerce, mais il n'y avait dans l'activité humaine aucun courant, aucune tendance de la pensée qui ne reçût en quelque mesure une impulsion du Bushido. Le Japon intellectuel et moral fut directement ou indirectement l'œuvre de la chevalerie.

M. Mallock, dans son livre si suggestif *l'Aristocratie et l'Evolution* a dit éloquemment : « que l'Evolution sociale, en tant qu'autre chose que biologique, peut être définie comme le résultat involontaire des intentions des grands hommes » ; et, plus loin, que le progrès historique est le résultat « non pas d'une concurrence au sein de la société toute entière, pour vivre, mais d'une concurrence au sein d'une petite fraction de la communauté en vue de conduire, de diriger et d'employer la masse aux meilleures des fins. » Quoi qu'on puisse dire sur la force de sa thèse, ces propositions sont en tout cas pleinement vérifiées, pour ce qui est du rôle joué par le Bushi dans le progrès social de notre Empire, si loin qu'il soit allé.

LE BUSHIDO

A quel point l'esprit du Bushido a pénétré dans toutes les classes sociales, cela est démontré également par l'apparition d'une certaine classe d'hommes, connus sous le nom de *otoko-daté*, les chefs naturels de la démocratie. Ce furent de hardis compagnons, des hommes forts dans toute la force du terme. A la fois avocats et défenseurs des droits du peuple, chacun d'eux eut à sa suite des centaines et des milliers de partisans qui leur firent, de la même façon que les samourai aux *daimio*, le sacrifice volontaire « de leurs membres et de leur vie, de leur personne, de leurs biens et de leur honneur terrestre ». Soutenus par tout un peuple d'ouvriers hardis et très remuants, ces « bosses »-nés [1] opposaient un frein redoutable aux excès de pouvoir du régime des deux sabres.

De bien des manières, le Bushido s'infiltra de la classe sociale où il était né, et il agit

1. Le mot *Boss*, aux Etats-Unis, veut dire contre-maître, patron, etc... On s'en sert souvent pour désigner les agents électoraux puissants, les mêmes qu'en Espagne on appelle des « caciques » (N. d. T.).

comme un levain parmi les masses, fournissant un modèle moral à tout le peuple. Les préceptes de la chevalerie, après avoir été d'abord un titre de gloire pour l'élite, devinrent, avec le temps, l'aspiration et l'inspiration de toute la nation ; et, quoique le peuple ne pût atteindre à la hauteur morale de ces âmes supérieures, *Yamato Damashii*, l'Ame du Japon, arriva pourtant à être l'expression suprême du *Volksgeist* de l'Empire des Iles. Si la religion n'est rien de plus que la « moralité affectée par l'émotion », comme la définit Mathieu Arnold, peu de systèmes d'éthique sont aussi qualifiés que Bushido pour prétendre au rang d'une religion. Motoöri a exprimé le sentiment le plus intime de la nation sous cette forme poétique :

« Iles du Japon béni !
Si l'étranger s'avisait de chercher
A ternir votre esprit d'Yamato,   [tin,
Ordonnez que, parfumant l'air ensoleillé du ma-
Le cerisier sauvage et beau souffle son haleine ! »

Oui, le *sakura* [1] a été à travers les âges le

1. *Cerasus pseudo-cerasus*, Lindley (c'est le nom scientifique du genre cerisier.)

favori de notre peuple et l'emblème de notre caractère. Donnez une attention toute particulière aux termes de la définition que donne le poëte, à ces mots : « la fleur du cerisier sauvage parfumant le soleil du matin ».

L'esprit d'Yamato n'est pas une plante délicate de jardin, mais une plante sauvage dans le vrai sens du mot. Elle est indigène dans notre sol ; elle peut partager ses qualités accidentelles avec les fleurs des autres pays, mais, dans son essence, elle demeure le produit original, spontané, de notre pays. Aussi bien, que cette plante soit née chez nous, ce n'est pas ce qui constitue son seul titre à notre affection. La finesse et la grâce de sa beauté parlent à *notre* sens de l'esthétique, comme pas une autre fleur. Nous n'arrivons pas à partager l'admiration des Européens pour leurs roses, qui n'ont pas la simplicité de notre fleur. Les épines d'ailleurs, qui se dissimulent sous la grâce de la rose ; la ténacité avec laquelle elle se cramponne à la vie comme si elle éprouvait de la

répugnance ou de la terreur à mourir (elle
préfère pourrir sur sa tige plutôt que de s'ef-
feuiller d'un coup) ; ses couleurs voyantes
et son odeur lourde : voilà bien des traits
que n'a pas notre fleur, dont la beauté ne
recèle ni épines ni exhalaisons trop capi-
teuses ; qui est toujours prête à quitter la
vie à l'appel de la nature, dont les couleurs
ne sont jamais somptueuses, et dont le parfum délicat ne s'évente jamais. La beauté de
la couleur et celle de la forme peuvent seulement se faire admirer passivement ; car ce
sont des attributs immuables de l'existence ;
tandis que le parfum est volatil, éthéré
comme le souffle de la vie. C'est ainsi que,
dans toutes les cérémonies religieuses, l'en-
cens et la myrrhe jouent un rôle prépondé-
rant. Il y a quelque chose de spirituel dans
le parfum. Lorsque le délicieux parfum du
sakura vivifie l'air du matin, et que le
soleil dans sa course se lève pour illumi-
ner tout d'abord les îles de l'Est Lointain,
peu de sensations procurent une allé-
gresse plus sereine que de respirer, pour ainsi

dire, la pure haleine d'une belle journée.

Quand le Créateur Lui-même est dépeint comme prenant en son cœur de nouvelles résolutions parce qu'il a senti une odeur agréable (Genèse, VIII, 21), faut-il s'étonner que la saison parfumée de la floraison des cerisiers fasse sortir toute la population de ses petites habitations ? Ne blâmons pas les gens du peuple si, pour un temps, leurs membres las oublient leurs tâches et leurs fatigues, et leurs cœurs leurs soucis et leurs peines. Leur bref plaisir terminé, ils retournent à leurs tâches quotidiennes avec des forces nouvelles et de nouvelles résolutions. C'est à ce titre plus qu'à aucun autre que le sakura est notre fleur nationale.

Mais cette fleur, si délicate et éphémère, qui s'envole au gré du vent qui l'emporte, et qui, après avoir exhalé un souffle de léger parfum, est prête à s'éparpiller dans le vent pour jamais, est-ce qu'elle est, cette fleur, le symbole même de l'esprit d'Yamato ? L'âme du Japon est-elle si fragile et si périssable ?

CHAPITRE XVI

LE BUSHIDO EST-IL TOUJOURS VIVANT ?

Est-ce que la civilisation occidentale, en pénétrant dans notre pays, a déjà effacé toute trace de l'ancienne discipline ? Ce serait une chose bien triste que l'âme d'une nation pût mourir si vite. Ame bien misérable que celle qui succomberait si facilement sous des influences extérieures.

L'agrégat des éléments psychologiques qui constituent un caractère national est aussi solide que « les éléments irréductibles de l'espèce : ceux qui constituent les nageoires des poissons, le bec des oiseaux, les dents des carnivores ». Dans un livre plein d'allégations superficielles et de bril-

lantes généralisations, M. Lebon [1] dit :
« Les découvertes dues à l'intelligence sont
le patrimoine commun de l'Humanité ; les
défauts ou les qualités du caractère constituent le patrimoine exclusif de chaque
peuple : ce sont les rocs durs, que les eaux
doivent laver, jour après jour, pendant des
siècles, avant qu'elles puissent avoir usé
même leurs aspérités extérieures. » Voilà
des mots graves et qui mériteraient hautement d'être médités, à la condition qu'il y
eût en effet des qualités et des défauts de
caractère qui « constituassent le patrimoine
exclusif de chaque peuple ». Des théories
schématiques de cette sorte avaient été
énoncées longtemps avant que Lebon com-
mençât à écrire son livre, et il y a longtemps
qu'elles ont été réduites à néant par Théo-
dore Waitz et Hugh Murray. Au cours de
notre étude sur les différentes vertus
inspirées par le Bushido, nous avons puisé
aux sources européennes des éléments de

1. *La Psychologie des peuples*, p. 33.

comparaison et des illustrations, et nous avons constaté que pas une seule qualité de caractère ne pouvait prétendre à être son patrimoine *exclusif*. Il est certes vrai que l'agrégat des qualités morales présente un aspect tout à fait unique. C'est cet agrégat qu'Emerson appelle « un résultat composé, dans lequel chaque grande force entre comme élément ». Mais, au lieu d'en faire, comme Lebon, le patrimoine exclusif d'une race ou d'un peuple, le philosophe de Concorde l'appelle « un élément qui unit les personnes les plus douées de force vitale de chaque pays ; qui fait qu'elles se comprennent et sympathisent ensemble ; et qui est quelque chose de si infaillible qu'on reconnaît immédiatement si un individu est dépourvu de ce signe maçonnique. »

Du caractère que le Bushido a imprimé à notre nation, et au samourai en particulier, on ne peut dire qu'il constitue un « élément irréductible de l'espèce » ; mais, néanmoins, il n'y a aucun doute sur la vitalité qu'il conserve. Quand le Bushido ne serait qu'une

simple force physique, est-ce que la « vitesse
acquise » au cours des sept siècles derniers pourrait expirer brusquement ? Quand
il ne serait qu'un élément transmis par
l'hérédité, l'étendue de son influence devrait
être immense. N'oublions pas que, comme
le calcul en a été fait par l'économiste français Cheysson, en supposant qu'il y ait trois
générations dans chaque siècle, « chacun de
nous aurait dans ses veines le sang d'au
moins 20 millions d'hommes vivant en l'an
1000 ap. J.-C. Le dernier des paysans
remuant la terre, « courbé sous le poids des
siècles », a dans ses veines un sang millé-
naire, et il est ainsi notre frère aussi bien
que « celui du bœuf ».

Comme une force inconsciente et irrésistible, le Bushido a mû la nation et les
individus. C'était une confession sincère de
toute la race, quand Yoshida Shôin, l'un des
plus brillants pionniers du Japon moderne,
écrivit, la veille de son exécution, les stances
suivantes :   [dans la mort ;
Je savais très bien que cette carrière devait finir

TOUJOURS VIVANT

C'est l'esprit Yamato qui m'a poussé
A oser quoi qu'il pût advenir. »

Sans être rédigé en formules, le Bushido était et est encore l'esprit animateur, la force motrice de notre pays.

M. Ransome dit « qu'il y a aujourd'hui trois Japons distincts qui vivent côte-à-côte : le vieux Japon, qui n'a pas encore entièrement disparu ; le nouveau, à peine né, si ce n'est en esprit ; et le Japon de transition, qui traverse actuellement sa passe la plus critique ». Encore que cela soit très vrai, à beaucoup d'égards, et particulièrement en ce qui concerne les institutions tangibles et concrètes, cette proposition, en tant qu'elle porte sur les notions éthiques fondamentales, exige certaines modifications ; car le Bushido, l'artisan à la fois et le produit du Vieux-Japon, continue à être le principe dirigeant de la transition, et c'est lui qui saura mettre en œuvre la force créatrice de l'ère nouvelle.

Les grands hommes d'État qui ont piloté le vaisseau de notre Empire à travers la tourmente de la Restauration et dans le tourbillon de notre renaissance nationale, étaient des hommes qui ne connaissaient pas d'autre enseignement moral que les Préceptes de la Chevalerie. Quelques écrivains [1] ont essayé dernièrement de prouver que les missionnaires chrétiens contribuaient, pour une part appréciable, à la formation du nouveau Japon. C'est bien volontiers que je rendrais hommage à qui hommage est dû ; mais il est bien difficile, jusqu'à présent, d'accorder cet hommage aux excellents missionnaires. Il siérait mieux à leur profession de s'en tenir au commandement de l'Écriture : de s'accorder mutuellement la préférence en fait d'honneur, plutôt que d'avancer une prétention qu'ils ne peuvent étayer par aucune preuve. En ce qui me concerne, je crois que les missionnaires chrétiens font effectivement de grandes choses pour le Japon — dans le domaine de

1. Speer, *Les Missions et la Politique en Asie*, Conférence IV, pp. 189-192 ; Dennis, *Missions Chrétiennes et Progrès social*, vol. I, p. 32 ; vol. II, 70, etc...

l'éducation et spécialement de l'éducation morale —; seulement, le mystérieux travail de l'esprit — encore qu'indubitable — s'accomplit dans le secret de Dieu. Quoi que fassent les missionnaires, ils n'obtiennent encore qu'un effet indirect. Non, en vérité, les missions chrétiennes n'ont jusqu'ici rien effectué qui soit encore bien apparent dans le modelage du caractère du nouveau Japon. Non ; c'est au Bushido, purement et simplement, que nous devons nos bienfaits comme nos maux. Qu'on ouvre les biographies des créateurs du Japon moderne : de Sakuma, de Saigo, d'Okubo, de Kido, sans parler des réminiscences du passé qu'on trouve chez les hommes encore vivants, comme Ito, Okuma, Itagaki, etc..., et l'on verra que c'est sous l'impulsion de l'esprit samourai qu'ils ont travaillé et pensé. Quand M. Henry Norman, après ses études et ses observations sur l'Extrême-Orient, a déclaré que le seul rapport sous lequel le Japon différât des autres despotismes orientaux, consistait dans « l'influence régnante, parmi le peuple, des codes d'honneur les plus stricts, les plus élevés, et les plus scrupuleux que jamais homme ait imaginés », il a mis le doigt sur le ressort central qui a fait du nouveau Japon ce qu'il est, et qui fera de lui ce qu'il est destiné à être [1].

La transformation du Japon est un fait patent pour le monde entier. Dans un phénomène de cette ampleur, il entre naturellement des causes très variées ; mais s'il y en a une qui mérite d'être appelée la principale, personne n'hésitera à nommer le Bushido. Quand nous avons ouvert tout le pays au commerce étranger ; quand nous avons introduit les progrès et les perfectionnements les plus récents dans tous les domaines de la vie ; quand nous avons commencé à étudier les sciences et la politique de l'Occident, le motif qui nous a déterminés n'a pas été de développer nos ressources physiques ou d'accroître nos

1. *The Far East*, p. 375.

richesses ; moins encore d'imiter aveuglément les coutumes occidentales.

Un observateur attentif des peuples, et des institutions orientales a écrit :

« On nous répète tous les jours à quel point l'Europe a influencé le Japon, et on oublie que le changement dans ces îles est le fruit exclusif d'une volonté personnelle ; que les Européens n'ont pas instruit le Japon, mais que c'est le Japon qui, de propos délibéré, a voulu apprendre de l'Europe les méthodes d'organisation civile et militaire qui avaient jusque-là fait leurs preuves et réussi. Il a importé d'Europe la science de la mécanique, tout comme les Turcs, plusieurs années auparavant avaient importé l'artillerie. Ce n'est pas, à proprement parler, avoir subi une influence, continue M. Townsend, à moins que l'on n'admette aussi que l'Angleterre ait été influencée par le fait d'avoir acheté en Chine ses premiers plants de thé. Où se trouve l'Apôtre européen, demande notre auteur ; où, le philosophe ; où, l'homme d'État ; où, l'animateur, qui ait, de ses mains, reconstruit le Japon ? »

M. Townsend a bien discerné que la source d'action dont ont découlé les changements au Japon a pris naissance entièrement au cœur de nous-mêmes ; et il lui aurait suffi de sonder notre psychologie, pour que ses dons de pénétration, comme observateur, l'eussent aisément convaincu que cette source n'était autre que le Bushido. Le sens de l'honneur, qu'on ne saurait sous-estimer et regarder comme une force d'ordre subalterne : voilà ce qui a été le plus puissant de tous les mobiles. Les considérations d'ordre pécuniaire ou industriel ne surgirent que plus tard au cours de la transformation.

L'influence du Bushido est encore tellement visible qu'elle saute aux yeux. Un coup d'œil dans la vie japonaise rendra cela manifeste. Qu'on lise Hearn, le plus éloquent et le plus véridique interprète de l'esprit japonais, et l'on reconnaîtra que l'action de cet esprit est une forme de l'action du Bushido. La politesse universelle du peuple, qui est le legs des manières de la chevalerie, est trop connue pour qu'on la rappelle ici. L'endurance physique, le courage et la bravoure que possède « le petit

Jap » ont été suffisamment prouvés par la guerre Sino-Japonaise [1]. « Existe-t-il une nation plus fidèle et plus patriote ? » est une question qu'on fait souvent ; et pour la superbe réponse : « Il n'y en a pas », ce sont les Préceptes de la Chevalerie qu'il faut que nous remerciions.

D'un autre côté, il est juste de reconnaître que le Bushido est en grande partie responsable des défauts réels et des imperfections de notre caractère. Ainsi, notre peu de dispositions pour la philosophie abstraite (alors que quelques-uns de nos jeunes hommes ont déjà conquis une réputation internationale dans les recherches scientifiques, pas un n'a encore produit une œuvre maîtresse en philosophie) est imputable à ce qu'on a négligé les études métaphysiques sous le régime d'éducation du Bushido. Notre sens de l'honneur est responsable de notre sensibilité et de notre suscep-

---

1. Parmi d'autres ouvrages sur ce sujet, lire Eastlake et Yamada sur le *Japon Héroïque*, et Diosy sur le *Nouvel Extrême Orient*.

tibilité excessives ; et, s'il y a en nous cet amour-propre que quelques étrangers nous reprochent, cela aussi est une conséquence un peu maladive de notre point d'honneur.

Ne vous a-t-il pas été donné, en voyageant au Japon, d'apercevoir plus d'un jeune homme à la coiffure négligée, à l'habit tout râpé, tenant dans ses mains une grande canne ou un livre, et arpentant les rues avec un air de suprême indifférence pour toutes les choses de ce monde ? C'est le *shoséi* (l'étudiant), à qui la terre semble trop petite et le Ciel pas assez haut. Il a ses propres théories sur l'Univers et sur la vie. Il habite des châteaux aériens, et, sa nourriture, ce sont des paroles éthérées de sagesse. Dans ses yeux brille le feu de l'ambition ; son esprit est assoiffé de science. La pauvreté n'est pour lui qu'un stimulant qui l'éperonne ; les biens de ce monde ne sont à ses yeux que des entraves pour son caractère. Il est le dépositaire du loyalisme et du patriotisme. Il s'institue soi-même le gardien de l'honneur national. Avec toutes ses qualités et ses défauts, il est le dernier vestige du Bushido.

Tel qu'est demeuré le levain du Bushido : profondément incorporé et efficace, j'ai dit qu'il avait une influence inconsciente et muette. Le cœur du peuple répond, sans en démêler la raison, à tout ce qui s'adresse aux sentiments dont il a hérité, et c'est pour cette raison que la même idée morale, selon qu'elle est exprimée en termes nouveaux ou qu'elle a l'accent ancien des termes de Bushido, a un degré d'efficacité absolument différent. Un apostat chrétien, que la persuasion d'aucun pasteur ne pouvait empêcher de retourner à ses croyances anciennes, fut remis dans le chemin de la foi par un appel fait à son loyalisme : la fidélité qu'il avait anciennement jurée une fois à son Maître. Le mot « Loyalisme » fut suffisant pour raviver tous les nobles sentiments qui commençaient à s'attiédir. Un groupe de jeunes gens turbulents, engagés dans une interminable « grève d'étudiants » dans un collège, parce qu'ils n'étaient pas satisfaits de certain professeur, rentra dans le devoir à ces deux simples questions posées par le directeur : « Est-ce que votre professeur est un caractère de valeur ? — Si oui, vous devez le respecter et le garder dans votre école. Est-ce un caractère faible ? — Si oui, il n'est pas beau de pousser un homme qui tombe. » L'incapacité scientifique de ce professeur, qui avait été la cause de ces désordres, devenait une chose très secondaire, comparée à la signification des mobiles d'ordre moral qu'on invoquait. En donnant essor aux sentiments nourris par le Bushido, une rénovation morale d'une grande portée peut être accomplie.

Une cause de l'insuccès de l'action des missions est que la plupart des missionnaires sont entièrement ignorants de notre histoire. « Que nous importent les traditions païennes ? », disent quelques-uns d'entre eux ; et, en conséquence, ils tiennent leur enseignement religieux éloigné des habitudes de penser auxquelles nous et nos ancêtres avons été habitués pendant des siècles. Eh ! quoi, se rire de l'histoire d'une nation !... Comme si les destins de n'importe quel peuple — fussent les derniers des sauvages africains n'ayant aucun passé, — n'étaient pas une page figurant dans l'histoire générale de l'Humanité, écrite par la main de Dieu lui-même. Les races complètement disparues représentent un palimpseste à déchiffrer par un œil sachant voir. Pour un esprit pieux et philosophique, les races elles-mêmes sont des signes tracés par la main divine même, qui a écrit clairement en blanc et en noir — sur leur peau ; et, si cette comparaison est juste, la race jaune constitue une page précieuse, écrite en hiéroglyphes d'or. Ignorant le passé d'un peuple, les missionnaires proclament que le christianisme est une religion nouvelle, bien que, à mon avis, ce soit une « vieille, vieille histoire » qui, si elle est présentée d'une façon intelligible (c'est-à-dire exprimée dans le vocabulaire même qui a servi au peuple pour son développement moral), trouvera aisément le chemin de son cœur, quelle que

soit la race, ou la nationalité. Le christianisme, dans sa forme américaine ou
anglaise, avec plus d'inventions et de fantaisies anglo-saxonnes que de cette grâce et
de cette pureté dont l'avait doté son fondateur, est une pauvre greffe à enter sur la
souche du Bushido. Le propagateur de la
nouvelle foi doit-il vraiment déraciner
entièrement le tronc, racines et branches, et
déposer la semence de l'Évangile dans un
sol bouleversé ? Il est possible qu'une
méthode aussi radicale soit praticable aux
Hawaï, où, comme on le prétend, l'Église
militante a complètement réussi à accaparer
les restes mêmes de la richesse et à annihiler
la race aborigène ; il est tout à fait avéré
qu'un tel procédé est impossible au Japon :
et certes, c'est un procédé dont Jésus lui-
même n'aurait jamais voulu quand il fonda
son royaume sur la terre.

Il convient que nous prenions plus à
cœur les mots suivants d'un saint homme,
chrétien fervent, et penseur profond :

« Les hommes ont divisé le monde en païens et

en chrétiens, sans prendre garde que beaucoup de bonnes choses pouvaient être cachées dans les uns, et beaucoup de mauvaises mélangées aux autres. Ils ont comparé les meilleures parties d'eux-mêmes avec ce qu'il y avait de pire en leurs voisins ; l'idéal du christianisme avec la corruption de la Grèce ou celle de l'Orient. Ils n'ont pas visé à l'impartialité, mais ils se sont contentés d'accumuler tout ce qui pouvait être dit, soit en faveur de leur religion à eux, soit contre les autres formes de religion [1] ».

Mais quelle que soit l'erreur commise par des individualités chrétiennes, il semble hors de doute que le principe fondamental de leur religion est une force que nous devons prendre en considération quand nous essayons d'évaluer quel sera l'avenir du Bushido, dont les jours paraissent déjà comptés. Des signes de mauvais augure sont dans l'air qui annoncent son avenir, non seulement des signes : des forces redoutables sont en travail et le menacent.

1. Jowet, *Sermons sur la Foi et la Doctrine*, II.

CHAPITRE XVII

L'AVENIR DU BUSHIDO

Il est peu de choses que l'on puisse, historiquement, comparer aussi justement l'une à l'autre que la chevalerie d'Europe et le Bushido du Japon ; et, si l'histoire est une suite de répétitions, il en sera certainement de la destinée de celui-ci comme de la destinée de celle-là. Les causes particulières et locales dont parle Saint Palaye, qui ont amené la décadence de la Chevalerie, ne peuvent guère s'ajuster aux conditions japonaises ; mais les causes les plus générales, les plus importantes, qui contribuèrent à ruiner la chevalerie pendant et après le Moyen-Age, travaillent aussi sûrement au déclin du Bushido.

Une différence remarquable entre l'expérience faite par l'Europe et celle du Japon est que : tandis qu'en Europe, la chevalerie obtint un regain de vie nouvelle lorsqu'elle fut détachée de la féodalité et adoptée par l'Église, au Japon, nulle religion ne se trouva qui fût capable de la nourrir ; dès lors, lorsque l'institution qui avait engendré la chevalerie — à savoir la féodalité — eut disparu, le Bushido, resté orphelin, dut se suffire à lui-même. L'organisation militaire perfectionnée actuelle pourrait prendre le Bushido sous sa protection ; mais nous savons que les conditions de la guerre moderne ne laissent que très peu de place à la continuité de son développement. Le Shintoïsme, qui l'avait nourri dans son enfance, est lui-même suranné. Les vieux sages de l'ancienne Chine sont en train d'être supplantés par le parvenu intellectuel du type de Bentham et de Mill. Des théories

morales commodes, flattant les tendances
chauvines du temps, et, par suite, regardées
comme bien adaptées aux besoins du jour,
ont été inventées et préconisées ; mais jusqu'à présent, tout ce que nous entendons,
c'est simplement l'écho de leurs voix aigres
dans les colonnes des journaux à tendances
jaunes exclusives.

Les Grandeurs de Chair et les Puissances
du Siècle sont déployées contre les préceptes de la Chevalerie. Déjà, comme le dit
Veblen, « le déclin du code du cérémonial
(ou, en d'autres termes, la chute dans la
vulgarité) parmi les classes proprement
industrielles, est devenu, aux yeux de tous
les gens d'une sensibilité délicate, une des
principales laideurs de la civilisation con-
temporaine. La vague irrésistible de la
démocratie triomphante, qui ne tolère
aucune forme ou aucun aspect de *trust* (et le
Bushido était un trust organisé par ceux qui
monopolisaient les réserves de capital de
l'intelligence et de la culture, et qui fixaient
la hiérarchie et la valeur des qualités

morales), est assez puissante à elle seule pour submerger ce qui reste encore du Bushido. Les forces sociales actuelles sont en antagonisme avec l'esprit de caste d'une minorité, et la Chevalerie est, selon la critique sévère de Freeman, un esprit de caste. La société moderne, si elle prétend à quelque unité, ne peut pas admettre « des obligations purement personnelles imaginées dans l'intérêt exclusif d'une classe [1]. » Ajoutez à cela les progrès de l'instruction populaire, ceux des arts industriels, les habitudes, de plus en plus généralisées, de la richesse et de la vie urbaine, — et nous nous rendrons aisément compte que ni les coups les plus tranchants du sabre du samouraï, ni les flèches les plus acérées des plus hardis archers du Bushido, ne peuvent rien là contre. L'État édifié sur le roc de l'Honneur, et tirant de l'honneur sa force (pourquoi ne pas l'appeler *Ehrenstaat*, l'État d'honneur, ou, selon la formule de Carlyle, la *Héroarchie ?*),

1. *La conquête normande*, vol. V, p. 482.

est en train de tomber rapidement entre les
mains d'avocats ergoteurs et de politiciens
bavards armés des engins de guerre repré-
sentés par une logique pernicieuse. Les
paroles prononcées par un grand penseur sur
Thérèse et Antigone peuvent être répétées
à propos du samouraï : « Que le milieu dans
lequel prirent corps leurs hauts faits est à
jamais disparu ».

Adieu les vertus chevaleresques ! Adieu la
fierté du samouraï ! La moralité, venue au
monde aux sons des clairons et des tam-
bours, est destinée à disparaître comme
« disparaissent les capitaines et les rois ».

Si l'on peut en croire l'histoire, l'État
construit sur des vertus guerrières — que
ce soit une cité comme Sparte ou un empire
comme Rome — ne pourra jamais construire sur terre « une cité durable ». Quelque universel et naturel que soit l'instinct
combatif dans l'homme, quelque fécond en
nobles sentiments et en mâles vertus que
se soit montré cet instinct, il n'est pas tout
l'homme. Sous l'instinct de combat, se tient

caché un instinct plus divin : aimer. Nous avons vu que le shintoïsme, Mencius et Wan Yang Ming, ont clairement inculqué ce sentiment ; mais le Bushido et les autres types militaires d'éthique, préoccupés sans doute des questions de besoins pratiques à satisfaire immédiatement, ont trop souvent oublié d'insister sur ce point comme ils auraient dû le faire. La vie s'est singulièrement élargie dans l'ère actuelle. Des missions plus nobles et plus larges que celle de l'homme de guerre sollicitent aujourd'hui notre attention. Avec une vue plus agrandie de la vie, avec le progrès de la démocratie, avec une connaissance meilleure des autres peuples et des autres nations, l'idée de Confucius sur la bonté — oserai-je ajouter aussi l'idée bouddhiste de la pitié ? — s'épanouiront dans la conception chrétienne de l'amour. Les hommes sont devenus plus que des sujets, s'étant élevés à l'état de citoyens ; que dis-je ? ils sont plus que des citoyens : ils sont des hommes. Quelques nuages de guerre qui pèsent sur notre horizon, nous voulons croire que les ailes de l'ange de la paix les disperseront. L'histoire du monde confirme la prophétie que « la terre appartiendra aux doux ». Une nation qui vend son « droit de naissance » à la paix, et qui, du premier rang de l'industrie, déchoit au dernier de la flibusterie, fait vraiment une triste affaire.

Du moment que les conditions de la société sont changées au point d'être devenues non seulement contraires, mais hostiles au Bushido, l'heure est venue pour lui de se préparer à d'honorables funérailles. Il est exactement aussi difficile d'indiquer le moment de la mort de la Chevalerie que de déterminer l'instant exact de sa naissance. Le Dr Miller dit que la Chevalerie fut formellement abolie en 1559, lorsqu'Henri II, roi de France, fut tué dans un tournoi. Pour nous, l'édit abolissant formellement la féodalité, en 1870, fut le signal qui sonna le glas du Bushido. L'édit publié cinq ans plus tard, interdisant le port des sabres, sonna la retraite de l'antique grâce, de « cette grâce de la vie qui ne s'achète pas, de cette défense des nations entreprise pour l'honneur, de la sollicitude tendre pour les sentiments virils et les entreprises héroïques » ; il inaugura l'âge nouveau des « sophistes, des économistes et des calculateurs ».

On a dit que le Japon avait vaincu la Chine dans la dernière guerre avec les fusils de Murata et les canons Krupp ; on a dit que la victoire avait été l'œuvre d'un système d'éducation moderne ; mais ce sont là moins que des demi-vérités. Est-ce que jamais un piano, fût-ce le meilleur des instruments d'Erard ou de Steinway, pourrait se mettre soudain à jouer les Rhapsodies de Liszt ou les Sonates de Beethoven sans la main d'un maître ? Ou bien, si les canons gagnent les batailles, pourquoi Louis Napoléon ne battit-il pas les Prussiens avec sa mitrailleuse ou pourquoi encore les Espagnols, avec leurs Mausers, ne défirent-ils pas les soldats des Philippines, dont les armes ne valaient guère mieux que de vieux Remingtons ? Inutile de répéter ce qui est devenu un lieu commun, à savoir : que c'est l'esprit qui vivifie, et que, sans lui, le meilleur des engins n'a que peu de valeur. Les plus perfectionnés des fusils et des canons ne tirent pas tout seuls ; le système d'éducation le plus moderne ne fait pas, d'un lâche, un héros. Non ! Ce qui gagna les batailles sur le Yalu, en Corée et en Mandchourie, ce furent les esprits de nos pères morts, guidant nos bras et palpitant dans nos cœurs. Ils ne sont point morts, ces fantômes, les esprits de nos ancêtres guerriers. A ceux qui ont des yeux pour voir, ils sont nettement visibles ! Grattez un Japonais aux idées les plus avancées, et vous trouverez un samouraï. Le grand héritage d'honneur, de valeur et de toutes les vertus martiales est, comme l'exprime excellemment le Professeur Cramb : « un simple dépôt en nos mains, le fief inaliénable des morts et des générations à venir » ; et le présent nous somme de garder cet héritage, de ne pas retrancher un iota de son ancien esprit ; quant à l'avenir, il nous sommera d'en élargir le domaine de manière à l'étendre à toutes les voies et à toutes les relations de la vie.

Il avait été prédit — et ces prédictions ont été corroborées par les événements du demi-siècle dernier — que le système moral du Japon féodal, comme ses châteaux et ses armures, tomberait en poussière et que, tel le Phénix, de nouvelles éthiques en renaîtraient, pour conduire le nouveau Japon sur les voies de son progrès. Si désirable et probable que soit l'accomplissement d'une telle prophétie, nous ne devons pas oublier qu'un Phénix ne renaît que de ses propres cendres ; que ce n'est pas un oiseau de passage ; et qu'il ne vole pas non plus avec des ailes empruntées à d'autres oiseaux. « Le royaume de Dieu est en vous ». Il ne vient pas en roulant du faîte des montagnes, si élevées soient-elles ; il ne vogue pas à travers les mers, si vastes soient-elles. « Dieu, dit le Coran, a donné à chaque peuple un prophète dans sa propre langue. » Les semences du Royaume, tel qu'il était garanti, conçu par l'esprit japonais, ont fleuri dans Bushido. Maintenant,

les jours de la plante sont comptés — avant
fructification complète, malheureusement—
et nous nous tournons dans toutes les
directions à la recherche d'autres sources de
douceur et de lumière, de force et de récon-
fort ; mais rien n'a encore paru qui ait pu
prendre la place du Bushido. La philosophie des profits et pertes des utilitaires et
matérialistes est en faveur parmi les logi-
ciens — destructeurs qui n'ont que la moitié d'une âme. Le seul autre système moral
assez puissant pour tenir tête à l'utilitarisme
est le Christianisme, au prix duquel le Bushido, il faut le confesser, est comme « un
pâle lampion fumant », que le Messie était
appelé non à éteindre mais à rallumer.
Comme ses précurseurs hébreux, les pro-
phètes, — notamment Isaïe, Jérémie, Amos
et Habakkuk, — le Bushido attache une
importance particulière à la conduite morale
des législateurs et hommes publics ainsi
qu'à celle des nations ; tandis que la morale
du Christ, qui agit presque uniquement sur
les individus et sur ses disciples personnels,

trouvera d'autant plus aisément une application pratique que l'individualisme, avec sa capacité en tant que facteur moral, est en train de croître en puissance. La tyrannique et présomptueuse moralité soi-disant supérieure de Nietzsche, elle-même apparentée sous certains rapports au Bushido, est, à moins que je ne me trompe grandement, une phase passagère, ou une réaction temporaire contre ce qu'il nomme, par un besoin morbide de torturer : la moralité d'esclave, d'humilité et de renoncement du Nazaréen.

Le Christianisme et le matérialisme — y compris l'utilitarisme — (mais qui sait si l'avenir ne les réduira pas à des formes plus archaïques encore d'hébraïsme et d'hellénisme ?) sont destinés à se partager le monde. De moindres systèmes de morale s'allieront à chacun d'eux en vue de leur propre préservation. De quel côté le Bushido s'enrôlera-t-il ? N'ayant pas de dogme établi ou de formule à défendre, il peut se permettre de disparaître en tant qu'entité ; telle la fleur du cerisier, il est prêt à mourir

sous le premier souffle de la brise matinale.
Mais une extinction totale ne sera jamais son
destin. Qui peut dire que le stoïcisme soit
mort ? Il est mort comme système ; mais il
est vivant comme vertu : son énergie et sa
vitalité se sentent encore dans maints cou-
rants de la vie, — dans la philosophie des
nations de l'Occident, dans la jurisprudence
de tout le monde civilisé. Que dis-je ? partout où l'homme lutte pour s'élever au-
dessus de soi-même, partout où son esprit
domine sa chair par ses efforts propres, on
verra à l'œuvre l'immortelle discipline de
Zénon.

Le Bushido, en tant que code indépendant de morale, peut disparaître ; mais son
pouvoir ne périra pas sur terre ; ses écoles de
prouesses martiales ou d'honneur civique
peuvent être démolies, mais sa lumière et sa
gloire survivront longtemps à leurs ruines.
Comme sa fleur symbolique, après sa disper-
sion aux quatre vents, il enchantera encore
les humains avec les parfums dont il saura
enrichir la vie. Dans bien des siècles, alors

que ses coutumes auront à jamais péri et
que son nom même sera oublié, ses sen-
teurs viendront flotter dans l'air comme
venues d'une lointaine, d'une invisible col-
line. « The way-side gaze beyond »; —
alors, comme dans les beaux vers du poète
Quaker :

Le voyageur perçoit la délicieuse sensation
D'une douceur toute proche; il ne sait pas d'où elle
Et, s'arrêtant, le front nu,   [vient :
Il reçoit la bénédiction de la brise.

INDEX

—

A

Absolu, l, 40.
Adzuma, 202.
Allemand, Empereur, 77.
Allemands, marchands, 112.
Analectes de Confucius, 46, 60.
Ancien Testament, 180, 213.
Annibal, 181.
Arcadie, 84.
Argent, l', 145, 146, 149.
Aristote, 131.
Arnold, Sir Edward, 162.
Arnold, Mathieu, 225.

B

Bacon, 147.
Bakin, romancier, 83, 221.
Balzac, 116.
Bbonté, 70, 71, 73, 80.
Benkéi, 221.
Bentham, 247.
Bismarck, 76, 112, 127.
Black, Hugh, 108.
Bouddhisme, méthode du, 40.
Boutmy, 136.
Burke, 28, 75.
Bushi, 31, 33, voir Samourai.
Bushido, signification littérale
   du, 31 ; emploi du mot, 31 ;
   sources, 44, 45 ; intérêts de la
famille, 132 ; l'Etat, 134, 135,
   137 ; payement des services,
   148 ; enseignement, 176 ;
   influence de, 218, 232, 238.

C

Cadeaux, 99.
César, 34.
Camille, 69.
Carlyle, 118, 249.
Cerisier, fleur du, 222, 226,
   228.
Cha-no-yu, cérémonie du thé,
   95, 96, 97.
Chevalerie, l'emblème de la, 27 ;
   dans le Japon actuelle, 29 ;
   européenne et japonaise com-
   parées, 30 ; signification, 31.
Cheysson, 232.
Chikamatsu, 221.
Chine, guerre contre la, 153,
   253.
Chinois, l'ouvrage chinois :
   Livre des poésies, 74.
Christ, le, 54, 104, 119, 205.
Christianisme, 58, 87, 256, 257.
Chrétiens, 104, 137, 166, 178,
   241.
Commerce, 106, 107, 108 ;
   défaveur attaché au, 108.
Confucius, les cinq relations

INDEX

INDEX

INDEX

TABLE DES MATIÈRES

ABBEVILLE. — IMPRIMERIE F. PAILLART